마구로센세의 본격! 일본어 스터디

❷

마구로센세의
본격!
일본어 스터디

초급 ② 일본의 이곳저곳

bs
브레인스토어

저자의 말

    다년간 사회 각계각층의 수강생들을 직접 만나서, 셀 수도 없을 만큼의 일본어 강의를 해왔습니다. 강의가 끝나면 늘 강의 평가라는 강사의 성적표가 따라오게 마련입니다. 감사하게도 제 강의에 대해 좋은 평가를 해주시는 수강생들의 의견은 "일본어라는 어학뿐만 아니라, 일본의 문화와 정서까지 이해시켜 주는 강의였다."는 것이었습니다.

    그런 강의를 책으로도 보여 드릴 수 없을까 고민하던 중, 나인완 작가님의 작품을 접하게 되었습니다. 작가님은 제가 표현하고자 하는 일본의 문화와 정서를 '마구로센세'라는 친근한 캐릭터로 펼치고 있었습니다. 작가님과의 만남으로 이루어 낸 작품이 지금 손에 들고 계신 《마구로센세의 본격 일본어 스터디》입니다.

    각 장의 구성은 아래와 같습니다.

1) 에피소드: 마구로센세를 통해 체험하는 일본 생활
2) 일본통 되기: 일본 문화, 정서에 대해 알아 가기
3) 일본어정복: 마구로센세가 일본어 요정 유리링과 일본어 핵심 요소를 정복
4) 연습하기: 앞서 배운 내용을 다양한 예문을 통해 연습
5) 정답 확인: 연습하기의 정답과 읽는 방법을 한글로 확인(한글로 외국어를 완벽하게 표기하는 것은 어렵기에, 최대한 가까운 발음으로 표기한 점 양해 바랍니다.)

    《마구로센세의 본격 일본어 스터디》 시리즈는 앞으로도 일본의 지역, 문화, 역사, 사회 현상 등에 대해서 소개하며, 일본어 스터디를 이어 나갈 예정입니다. 많은 기대와 성원 부탁드립니다.

    감사합니다.

일본어 강사 최유리

차례

그런데, 저랑 만난다고 급하게 복습하고 막 그런 건 아니겠죠?

에이! 그럴리가요!

맞구나...

먼 산...

참치의 본고장 오-마에서 배우는 참치의 모든 것!

있다-없다 & 종조사1

아오야먀 오─마 지역

아, 이제 다시 일을 할 시간이군..
꿈같은 휴가였어. 나의 고향 태평양..
다음 휴가까지 안녕..흑흑

(탱자탱자)

마구로센세 오랜만이에요.
휴가는 잘 다녀왔나요?
선탠이 멋지게 됐는데
머리 참치는 좀 익었네요..

앗!! 신나게 노느라 머리 관리를!!..

털썩

(반성)

반성할 거까지야..

혼슈本州 최북단인 아오모리 현青森県 오ー마大間는 태평양에 접한 지역으로, 쿠로시오 해류를 타고 올라온 참치(다랑어)를 잡는 참치잡이가 유명한 지역이에요. 사람보다 큰 참치가 잡히기로 유명한 곳이죠.

지금, 그 참치는 어디에 있나요?(1)

안뇽~

벌써 도요스豊洲 시장으로 출발했어요.

도쿄 도요스 시장은 2018년 10월에 폐장된 츠키지築地 시장에서 이전 개설된 시장이에요. 최고의 규모와 시설을 자랑하는 시장으로 도쿄 고토 구江東区에 위치했어요. 기존의 츠키지 시장과 멀지 않은 거리에 자리하고 있답니다.

아, 이미 오-마에는 없나요?(2)

하하.. 오늘도 큰 놈을 노리는 오-마의 영웅들이 바다로 나갔으니 기대하세요~!

(급 화색)

가 즈 아!!

오늘도 큰 참치가 잡혔으면 ....(400kg으로..)

둥칫♪

둥칫♪

(400kg의 웅장함)

내일은 네부타 마츠리ねぶた祭り 전야제를 위해 아오모리 시로 출발해야 돼서요..

아오모리 현 아오모리 시에서는 매년 8월 2일부터 7일까지 네부타 마츠리(네부타 축제)가 열리며, 수십 대에 달하는 거대한 종이인형 수레를 보기 위해 수백만 명의 관광객들이 몰려들고 있어요.

아, 네부타 마츠리에 맞춰서 온 거군요. 마츠리 시즌에는 시내에 숙소 잡기가 쉽지 않을 텐데… 숙소는 구했나요?

(사바군)

아오모리 시에 사바군이라는 친한 친구가 있어서요.(3) 그 친구한테 신세를 질 거예요.

아, 마구로센세의 친구가 아오모리에 있어요?[4] 그럼 다행이네요.

저는 아오모리에 아는 사람이 한 명도 없어요.[5] 그래서 네부타 마츠리를 보러 가려면 오래 전부터 숙소를 예약해야 하거든요.

그렇군요. 그래도 오-마의 거대한 참치를 자주 볼 수 있잖아요! 저는 그게 더 부러운 걸요?

안녕하세요 거대 참치입니다.

(듬직)

아 그런가요? 네부타 마츠리를 보러 간 후에는 어디로 가나요?

사바군과 함께 아오모리에서 홋카이도 신칸센을 타고 홋카이도로 넘어갈 생각이에요.

아, 해저터널을 지나가는 신칸센을 말하는 거군요.

네, 저번에는 페리를 타고 넘어가서 이번엔 그걸 타보려고요.

처음 타보는 신칸센인데 뭐 별거 없겠죠.

기대   기대

(별거 있을 것 같은 기대감)

2016년에 개통된
홋카이도 신칸센北海道 新幹線은
홋카이도의 하코다테와 아오모리를 연결해요.
혼슈와 홋카이도를 건널 때는 53.85km의
세계에서 가장 긴 해저터널인
세이칸 터널青函トンネル을 지난답니다.

아 맞다! 어제 300kg짜리 참치를 잡은 그 어부가 지금 저 안쪽 자리에 있어요. [6]

소곤 소곤

우아아아앗!!!
그런 대단하신 분이!!!

만나 보고 싶은데... 식사 중이신가요?
그럼 실례일 거 같아서요.

아직 식사 중일 거예요.
식사가 끝나면 알려 줄게요.

사.. 사진도 찍어야지!

(꽃단장)

큰 놈을 많이 잡은 어부라서
텔레비전에도 몇 번이나 출연한 분이에요.

와~

일본 방송 중에는 전국의 참치잡이
지역의 어부를 밀착 취재하고,
그것을 방영하는 장수 프로그램이 있어요.
다큐멘터리처럼 한 인물을 다년간
취재하기도 하고, 참치잡이 배를 따라
나가서 박력 넘치는 참치잡이 순간을
보여 주는 인기 프로그램이에요.

아, '참치에 인생을 건 사나이들'에 출연하신 분인가요? 저 그 프로그램 엄청 좋아해요!

꺄르르

오늘도 잘 먹었습니다~!

유심

관찰

허허! 형씨 머리에 참치 빛깔이 참 곱구먼~!

감사합니다.

앗! 이분이 그분이세요.

오아앗! 어제 대어를 낚으신!! 축하드립니다.. 저랑 같이 사진 한 장만..

헤헤헤

일본통 日本通 되기!

あおもりけん
아오모리 현 青森県

1 아오모리 현 青森県
あおもりけん

일본을 구성하는 주요 4개의 섬(홋카이도北海道, 혼슈本州, 시코쿠四国, 큐-
ほっかいどう   ほんしゅう   しこく
슈-九州) 중 가장 큰 섬인 '혼슈'의 최북단에 있는 현이에요. 공항으로는 '아오모
きゅうしゅう
리 공항'이 있고, 인천공항에서 출발하는 직항편이 운항되고 있어요. 홋카이도
를 연결하는 페리도 있고, 신칸센도 연결되어 있어서 혼슈에서 홋카이도로 넘어
가는 거점 역할을 하고 있기도 해요.

아오모리 현의 지도를 살펴보면, 북쪽으로 츠가루津輕 해협을 사이에 두고
つがる
홋카이도와 마주하며, 동부에 시모키타下北 반도, 서부에 츠가루 반도가 무츠
しもきた
陸奧 만을 품고 있어요. 그중 시모키타 반도의 북쪽 끝에 오-마大間라는 지역
むつ   おおま
이 참치잡이로 유명해요. 여름에는 선선하지만, 겨울에는 눈이 많이 오고 바닷
바람도 매서운 지역이에요.

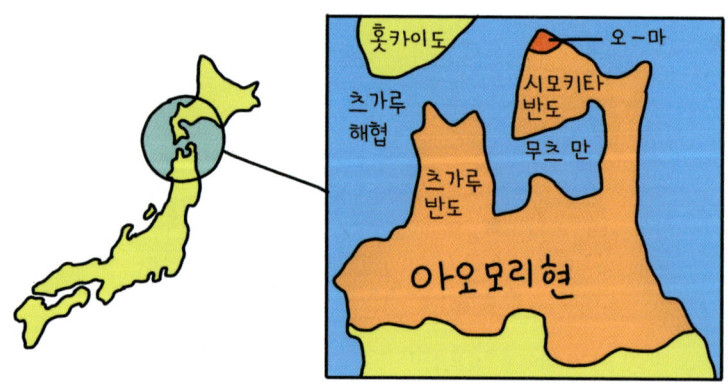

또한 아오모리 현은 일본 사과 생산량의 반을 차지할 만큼 사과 산지로도 유명해요. 그래서 사과를 이용한 애플파이, 사과 술(시드르), 사과 주스 등 다양한 제품이 특산물로 사랑받고 있어요.

2 오-마 참치잡이

일본 내에서 가장 비싼 참치가 잡히는 곳으로, 외줄낚시 참치잡이의 본고장으로 알려져 있어요. 츠가루 해협의 쿠로마구로黑マグロ(참다랑어)는 혼마구로本マグロ라고도 불리며, 크기가 200~300kg에 달하는 것도 있어요. 이 대어를 외줄낚시로 낚아 올리는 것이 오-마 참치잡이의 특징 중 하나예요. 오-마의 참치는 상당히 비싼 가격으로 거래되고 있어요. 일본의 2019년도 첫 경매에서 기록을 세운 참치는 우리 돈으로 34억 원이 넘는 278kg짜리 참치로, 그 영광을 바로 오-마의 참치가 차지했어요. 그래서 어부들 사이에서 오-마의 참치는 '바다의 다이아몬드'라고도 불리고 있어요. 이쯤 되면 오-마가 왜 참치잡이의 본고장이라는 별명을 갖고 있는지 납득할 수 있겠죠?!

오-마 참치의 맛의 특징은 무엇보다 신선하고 풍부한 지방에 있어요. 츠가루 해협의 운동량이 많은 오징어와 살이 오른 꽁치, 고등어 등을 먹이로 하고 있기 때문이라고 해요. 가장 기름이 오른 시기는 가을부터 이른 봄까지이며, 그 밖의 계절에는 담백하고 깊은 맛의 붉은 살을 즐길 수 있어요.

10월 하순에는 '오-마 마구로 축제'가 열려서, 참치 해체 쇼와 함께 다양한 참치 요리 판매가 이루어지고 있어요.

3 다양한 참치

1) 참다랑어 黒マグロ^{くろ}

참치 하면 떠오르는 그 유명한 '혼마구로'가 바로 이 종류예요. 제철은 겨울과 가을이에요. 길이는 3m, 무게는 400kg에 달하며, 그 크기와 풍미로는 참치의 절대 강자라고 할 수 있어요. 어획량과 상관없이 일본 각지에서 잡히고 있지만, 최근 가장 주목할 만한 것은 '오-마의 참치'예요.

2) 눈다랑어 メバチ

눈이 커서 '눈다랑어'라고 불리는 이 생선의 맛은 참다랑어에도 뒤지지 않을 정도랍니다.

제철은 장마철과 가을이에요. 생선 살은 비교적 부드럽고 기름기가 적기 때문에, 담백하고 깔끔한 맛을 좋아하는 사람에게 추천하는 참치예요.

3) 황다랑어 キハダ

관서 지역에서 참치라고 하면 이 황다랑어가 대표적이에요. 기름기가 적어 깔끔하게 먹을 수 있어요. '황다랑어'라는 이름 그대로, 등지느러미와 배지느러미가 황색인 것이 특징이에요. 생선 살은 깨끗한 핑크색으로, 지방질이 적고 살이 찰진 것이 특징이에요.

4) 날개다랑어 ビンナガ

날개다랑어는 붉은 살이 적기 때문에 생선 살의 색깔이 흰 살 생선에 가까워요. 맛은 담백하고 부드럽지만 기름기가 많아요. 소박한 스시집에서는 '빈토로 ビントロ'라는 이름으로 나오는 참치랍니다. 참치류 중에서도 가장 작은 종으로 몸길이는 1m, 무게는 30kg 정도예요.

5) 남방참다랑어 ミナミマグロ

기름 부위의 감칠맛을 제대로 느낄 수 있는 어종으로, 참다랑이와 어깨를 나란히 하는 고급 참치 중 하나예요. 원양에서 잡히는 참치의 대표 격으로, '인도참치'라는 이름으로도 알려져 있어요. 참다랑어에 버금갈 만큼 비교적 높은 가격이 매겨지며 맛도 좋아요. 무엇보다 기름 부위의 감칠맛과 단맛이 매력으로, 붉은 살에도 기름기가 있을 정도예요.

6) 돛새치과(청새치, 황새치) カジキ

칼처럼 날카롭고 긴 턱을 가진 돛새치과의 참치예요. 돛새치과라고 불리는 생선 중에 '청새치'와 '황새치'가 많이 알려져 있는데, 스시 재료로는 '청새치'가 단연 고급이에요. 그 유명한 헤밍웨이의 《노인과 바다》에서 늙은 어부와 사투를 벌이는 생선이 바로 이 돛새치과(청새치)랍니다.

7) 가다랑어 カツオ

가다랑어의 제철은 봄과 가을 두 번이에요. 봄 가다랑어는 붉은 살의 상쾌한 풍미, 가을 가다랑어는 묵직한 생선 기름의 감칠맛을 즐길 수 있어요.

4 도쿄 도요스豊洲 시장

도요스 시장은 83년간 일본 도쿄의 부엌 역할을 했던 츠키지築地 시장이 폐장되면서 새롭게 문을 연 시장이에요. 규모는 기존 츠키지 시장의 1.8배로 여전히 세계 최대 규모의 시장으로 자리 잡고 있으며, 한국의 노량진 수산 시장의 5배가 넘는 규모예요.

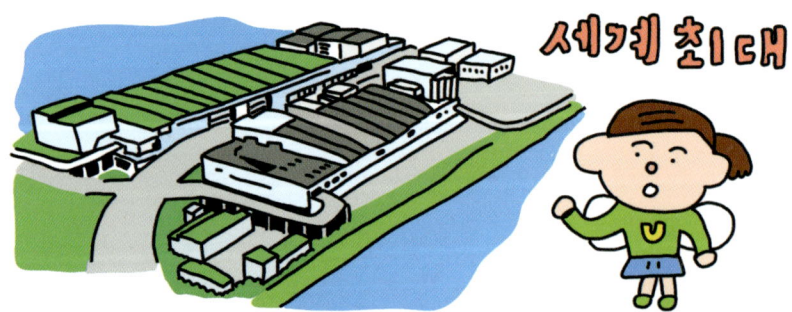

세계 최대

새롭게 문을 연 도요스 시장은 츠키지 시장과 마찬가지로 입장은 무료이며,

오전 8시 이전에 도착해야 활발한 시장의 모습을 볼 수 있어요. 세계적으로 유명한 새벽 참치 경매는 오전 4시 반에 시작하니, 이 광경을 보려면 정말 부지런히 움직여야 해요. 이를 관람하고자 모인 관광객을 위한 관람석도 무료로 개방하고 있어요. 건물 안에는 시장에서 바로 구매한 신선한 재료를 사용하는 식당은 물론이고, 츠키지 시장에서 그대로 옮겨 온 포장마차도 40여 곳이나 있어요. 또한 인조 잔디가 깔린 옥상에서 도시의 멋진 전망도 감상할 수 있으니 놓치지 마세요!

도요스 시장의 가장 가까운 역은 유리카모메 라인ゆりかもめ線の의 시죠-마에市場前 역이에요. 시장과 역이 연결되어 있으니 길 찾기도 쉬워요. 새벽 시장을 구경했다면 맛있는 아침 식사를 하고, 인근에 있는 인공 섬 오다이바お台場를 관광하는 것도 좋은 코스가 될 거예요.

5 참치잡이 관련 프로그램

1) '거대 참치 전쟁 巨大マグロ戦争'

테레비 도쿄テレビ東京에서 2004년부터 방영되고 있는 참치잡이 밀착 취재 방송이에요. 일본 전국 각지의 참치잡이 명인을 찾아가 그들의 삶과 참치에 대한 애착을 담은 다큐멘터리로, 참치 마니아들이 손꼽아 기다리는 방송이에요. 참치잡이뿐만 아니라 참치 요리를 즐길 수 있는 참치 전문점 소개도 담고 있어서 미식가들도 즐겨 보는 방송이라고 해요.

2) '참치에 인생을 건 사나이들 マグロに賭けた男たち'

테레비 아사히テレビ朝日에서 2003년부터 방영되고 있는 참치잡이 다큐멘터리로, 매회 높은 시청률을 기록하는 방송이에요. 특히 아오모리 현의 오-마 지역을 중심으로 그들의 삶과 참치에 대한 애정을 다년간 취재하며, 시청자들에게 감동을 주고 있어요. 오직 참치만을 주제로 하는 전문성과 깊이 있는 연출이 돋보이는 방송이라는 평가를 받고 있어요.

6 네부타 마츠리 ねぶた祭り

1980년에 국가 중요 무형 민속 문화재로 지정된 아오모리 현의 종이인형 전등 축제인 '아오모리 네부타 마츠리'는 매년 8월 2~7일 사이에 개최되고 있어요.

국내외에서 300만 명이 넘는 관광객이 20여 대가 넘는 네부타를 구경하려고 모여드는 거대한 축제예요. 네부타의 주제는 전통적으로 카부키歌舞伎의 역사와 신화를 주제로 만들기도 하고, 최근에는 대중문화를 주제로 만들기도 해요. 무료로 관람할 수도 있지만, 유료 관람석도 6월 하순부터 판매하고 있어요.

8월 1일에는 축제의 전야제로 불꽃놀이를 하면서 그 시작을 성대하게 알려요. 그리고 축제의 마지막 날에는 축제에 출전한 20여 대의 네부타 중에서 좋은 평가를 받은 네부타를 바다로 떠내려 보내면서 화려한 불꽃놀이로 마무리를 해요.

네부타 마츠리에서 "랏세라, 랏세라"라는 구호에 맞춰 춤을 추는 사람들을 '하네토'라고 해요. 네부타 마츠리는 주로 기업이나 단체가 중심이 되어 출전하지만, '하네토'는 정식 의상(옷, 버선, 신발, 모자 등)만 입으면 누구라도 참여가 가능하니, 관심 있는 분들은 의상을 대여해서 도전해 보세요!

7 홋카이도 신칸센 北海道 新幹線

2016년 개설된 신칸센으로, 신아오모리新青森 역과 신하코다테호쿠토 新函館北斗 역을 연결하고 있어요. 홋카이도 신칸센이 개설되면서 일본 열도 남쪽의 큐-슈-에서부터 북쪽의 홋카이도까지 신칸센만으로도 이동할 수 있게 되었어요.

특히 츠가루 해협의 해저 구간인 세이칸青函 터널은 세계 최장 해저터널로 길이가 무려 53.85km에 달해요.

 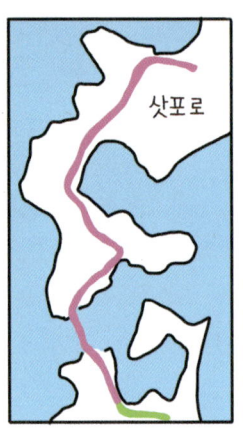

삿포로

 아오모리 tip!

'고맙습니다'의 ありがとう를 아오모리에서는 ありがとうごす 또는 めやぐだ라고 해요.

일본어정복

1 지금, 그 참치는 어디에 있나요? (1)

今、そのマグロはどこにありますか?

今	その	マグロは	どこに	ありますか?
지금	그	참치는	어디에	있나요?

 먼저 오늘의 포인트를 짚어 볼게요. 오늘은 '있다-없다'에 대해 배워 볼 거예요. 일본어의 '있다-없다'는 우리말과 차이점이 있어요. 생명이 있는 것의 '있다'와 생명이 없는 것의 '있다'는 다른 단어를 쓴다는 것이에요. 그중에서 먼저 생명이 없는 것에 대한 '있다'를 배워 볼게요.

 어! 그런데 참치는 생명이 있는 거 아닌가요?

 잡히기 전까지는 생명이 있지만, 잡힌 다음에는 생명이 없는 생선으로 취급해요. 예를 들어, 어항에서 헤엄치는 열대어는 생명이 있다고 보지만, 생선 가게에 누워 있는 생선은 생명이 없다고 보는 거죠.

 아하, 그들은 생선이구나!

 네, 그래서 이번 문장에서 배울 '있다'는 생명이 없는 것에 대한 표현이에요. 먼저 '있습니다'는 あります를 써요. 그리고 의문문 '있습니까?'는 마지막에 か를 붙여서 ありますか라고 하는 거예요. 그리고 과거 시제로 '있었습니다'는 마지막 부분을 살짝 변형해서 ありました라고 하면 되는 거예요. 이렇게요.

あり	ます	있습니다
	ました	있었습니다

 아하, 다른 문장으로 또 연습해 볼래요!

 네, 여기 준비했어요! 각각 티켓, 수하물, 참치 전문점이라는 무생명체에 대해 '있습니다'라고 표현하는 문장이에요.

1)

青森行きの	チケットは	あります
아오모리행	티켓은	있어요
		ありますか?
		있어요?
		ありました
		있었어요
		ありましたか?
		있었어요?

※ 青森行きの의 の는 명사와 명사를 결합해 주는 역할

2)

手荷物が	あります
수하물이	있어요
	ありますか?
	있어요?
	ありました
	있었어요
	ありましたか?
	있었어요?

3)

マグロの	専門店が	たくさん	あります
참치	전문점이	많이	있어요
			ありますか?
			있어요?
			ありました
			있었어요
			ありましたか?
			있었어요?

※ マグロの의 の는 명사와 명사를 결합해 주는 역할

2 아, 이미 오-마에는 없나요? (2)

あ、もう大間（おおま）にはありませんか?

あ	もう	大間（おおま）には	ありませんか?
아	이미	오-마에는	없나요?

 이번에는 '없다'라는 표현이네요.

 네, 맞아요. 그런데 어디서 많이 본 말 아닌가요?

 음 그러고 보니, ありません은 1권에서 봤던 표현이네요. 그때는 '아닙니다'라는 의미로 배웠던 거 아닌가요?

 맞아요. 그때는 '명사가 아닙니다'라는 '명사 + じゃありません'으로 배웠어요.

 그럼 '명사가 없습니다'와 '명사가 아닙니다'는 어떻게 구분하나요?

 명사 + じゃありません이면 '명사가 아닙니다'이고,

그 이외에는

명사 + **がありません** **명사**가 없습니다

명사 + **はありません** **명사**는 없습니다

명사 + **もありません** **명사**도 없습니다

로 해석하면 되는 거예요.

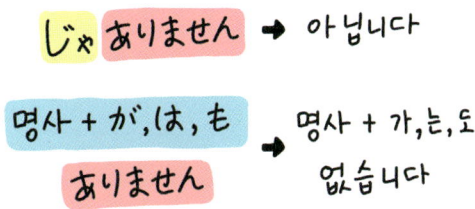

 즉, ありません 앞에 じゃ가 있을 때만, '아닙니다'로 해석하면 되겠네요.

 네, 맞아요.

 아 이해했어요! 그럼 혹시 과거 시제도 똑같은 모양으로 ありませんでした인가요?

 딩동댕! 이렇게요.

あり	ません	없습니다
	ませんでした	없었습니다

 문장으로 연습할 수 있게 준비했어요! 자, 연습하러 가볼까요?

 네~

1)

会社に	パスポートが	ありません
회사에	여권이	없습니다
		ありませんか?
		없습니까?
		ありませんでした
		없었습니다
		ありませんでしたか?
		없었습니까?

2)

お金も	クレジットカードも	ありません
돈도	신용카드도	없습니다
		ありませんか?
		없습니까?
		ありませんでした
		없었습니다
		ありませんでしたか?
		없었습니까?

3)

韓国語の	メニューは	ありません
한국어	메뉴판은	없습니다
		ありませんか?
		없습니까?
		ありませんでした
		없었습니다
		ありませんでしたか?
		없었습니까?

※ 韓国語の의 の는 명사와 명사를 결합해 주는 역할

3 아오모리 시에 사바군이라는 친한 친구가 있어서요. (3)

<ruby>青森市<rt>あおもりし</rt></ruby>に<ruby>本<rt>ほん</rt></ruby>マグロという<ruby>親友<rt>しんゆう</rt></ruby>がいますから。

<ruby>青森市<rt>あおもりし</rt></ruby>に	さば君という	<ruby>親友<rt>しんゆう</rt></ruby>が	いますから
아오모리 시에	사바군이라는	친한 친구가	있어서요

 이번에는 생명이 있는 친구에 대해 이야기하는 문장이에요.

 아 드디어 다른 '있다'의 표현이 나오는군요. います라고 하네요. 이번에도 과거형은 마지막 부분을 ました로 바꾸면 될 것 같네요. 맞나요?

 네 맞아요! 이렇게요.

い	ます	있습니다
	ました	있었습니다

 오호! 그럼 이제 문장으로 연습을…

 본격적인 연습에 앞서서 설명이 필요한 부분이 있어요. 두 번째 칸에 <ruby>本<rt>ほん</rt></ruby>マグロという라는 표현에 という는 '~라고 하는'이라는 뜻이에요. 예를 들어

ユリリンという 유리링이라고 하는
マグロ<ruby>先生<rt>せんせい</rt></ruby>という 마구로센세라고 하는

이렇게요.

 という!

그리고 마지막 칸 います から의 から는 문장에 붙으면 이유를 표현할 수 있어요. 예를 들어

やくそく
約束がありますから。 약속이 있어서요.
じかん
時間がありませんから。 시간이 없어서요.

 단어 + から는 '~로부터'이니까 잘 구분해야겠네요.

 맞아요.

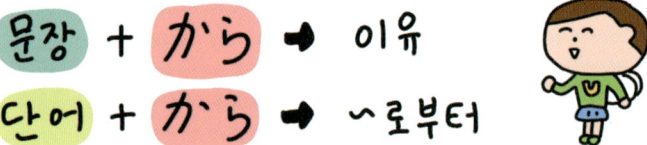

① **단어** + **から**: **단어**로부터, **단어**부터

② **문장** + **から**: **문장**이라서, **문장**이기 때문에

가 되는 거예요.

 오케이! 체크!

 네! 그럼 이제 생명체의 '있다' 표현을 문장으로 연습해 볼게요.

1)

東京に	知り合いが	います
도쿄에	지인이	있어요
		いますか?
		있어요?
		いました
		있었어요
		いましたか?
		있었어요?

2)

今日	ずっと	会社に	います
오늘	계속	회사에	있어요
			いますか?
			있어요?
			いました
			있었어요
			いましたか?
			있었어요?

3)

彼女は	彼氏が	います
그녀는	남자친구가	있어요
		いますか?
		있어요?
		いました
		있었어요
		いましたか?
		있었어요?

あ、マグロ先生のお友だちが青森にいますか?

あ	マグロ先生の	お友だちが	青森に	いますか?
아	마구로센세의	친구가	아오모리에	있어요?

 세 번째 칸의 '친구'라는 말을 お友だち라고 했는데, 왜 友だち라고 하지 않고 お友だち라고 했을까요?

 다른 사람의 친구니까 존중의 의미로 미화어 お를 쓴 거죠? 1권에서 배웠잖아요!

 네, 맞아요. 마구로센세 완벽해요~!

 훗~

私は青森に知り合いが一人もいません。

私は	青森に	知り合いが	一人も	いません
나는	아오모리에	아는 사람이	한 명도	없어요

 아, 이제는 생명이 있는 존재에 대한 '없다'의 표현이네요. いません이군요. 마찬가지로 과거 시제는 마지막에 でした를 붙여서 いませんでした라고 하면 되겠네요?

 맞아요. 모두 같은 규칙으로 이루어져 있어요. 이렇게요.

い	ません	없습니다
	ませんでした	없었습니다

 그럼 문장으로 더 연습해 볼게요.

1)

お客さんが	一人も	いません
손님이	한 명도	없습니다
		いませんか?
		없습니까?
		いませんでした
		없었습니다
		いませんでしたか?
		없었습니까?

2)

会議室には	誰も	いません
회의실에는	아무도	없습니다
		いませんか?
		없습니까?
		いませんでした
		없었습니다
		いませんでしたか?
		없었습니까?

3)

一日中	部長が	いません
온종일	부장님이	없습니다
		いませんか?
		없습니까?
		いませんでした
		없었습니다
		いませんでしたか?
		없었습니까?

6 그 어부가 지금, 저 안쪽 자리에 있어요. (6)

その漁師が今、あの奥の席にいますよ。

その漁師が	今	あの奥の	席に	いますよ
그 어부가	지금	저 안쪽	자리에	있어요

 마지막 칸 いますよ의 よ는 어떤 역할을 한다고 했는지 기억나나요?

 네, 정보를 전달하거나 강조할 때 사용한다고 했어요!

 맞아요. 지금 식당 주인이 중요한 정보를 주고 있기 때문에 강조하기 위해 사용하고 있는 거예요. 그 밖에도 많이 쓰이는 종조사를 살펴볼 게요.

1) ね 동의, 공감

2) よ 주장, 명령

3) わ 감동, 감탄

4) の 단언, 의무, 의문

5) ぞ 주장, 다짐

6) な 희망, 감탄

7) ぜ 주장, 멸시

등이 있어요. 앞으로 문장으로도 천천히 만나 볼게요.

 우와 종조사가 정말 많네요. 이 밖에도 더 많다는 거죠?

 네, 맞아요. 종조사는 문장 자체의 의미에는 큰 변화를 주지 못하지만, 뉘앙스에는 많은 영향을 미치기 때문에 잘 사용하면 자연스러운 회화체를 구사할 수 있어요!

 나올 때마다 열심히 알아 둬야겠네요!

 문법정리

----

1) 정중표현

무생명		생명
あります	있습니다 있습니다	います
ありました	있었습니다	いました
ありません	없습니다	いません
*ないです		*いないです
ありませんでした	없었습니다	いませんでした
*なかったです		*いなかったです

* ないです, いないです, なかったです, いなかったです는 회화체로 쓰이며, 아래의 반말 표현에 です를 붙이면 된다.

2) 반말표현

무생명		생명
ある	있다	いる
あった	있었다	いた
ない	없다	いない
なかった	없었다	いなかった

다음 문장을 완성하세요.

짐이 있습니다	荷物が <small>にもつ</small>
여행가방이 있었습니다	スーツケースが
냉장고는 없습니다	冷蔵庫は <small>れいぞうこ</small>
라벤더는 없었습니다	ラベンダーは
담배가 있습니까?	タバコ
노트북은 있었습니까?	ノートパソコンは
노래방(기계)도 없습니까?	カラオケも
디저트는 없었습니까?	デザートも

일행이 있습니다	連れが
가게사람이 있었습니다	店の人が
동료가 없습니다	仲間が
담당자는 없었습니다	担当者は
유명한 바리스타가 있습니까?	有名なバリスタが
관광객은 있었습니까?	観光客は
전문가는 없습니까?	専門家は
역무원은 없었습니까?	駅員は

짐이 있습니다	荷物^{にもつ}があります。 [니모쯔가 아리마스]
여행가방이 있었습니다	スーツケースがありました。 [스-쯔 케-스가 아리마시따]
냉장고는 없습니다	冷蔵庫^{れいぞうこ}はありません。 [레-조-꼬와 아리마셍]
라벤더는 없었습니다	ラベンダーはありませんでした。 [라벤다-와 아리마셍데시따]
담배가 있습니까?	タバコありますか? [타바코 아리마스까?]
노트북은 있었습니까?	ノートパソコンはありましたか? [노-또 파소꽁와 아리마시따까?]
노래방(기계)도 없습니까?	カラオケもありませんか? [카라오께모 아리마셍까?]
디저트는 없었습니까?	デザートもありませんでしたか? [데자-또모 아리마셍데시따까?]

일행이 있습니다	連れがいます。 [츠레가 이마스]
가게사람이 있었습니다	店の人がいました。 [미세노 히또까 이마시따]
동료가 없습니다	仲間がいません。 [나까마가 이마셍]
담당자는 없었습니다	担当者はいませんでした。 [탄또-샤와 이마셍데시따]
유명한 바리스타가 있습니까?	有名なバリスタがいますか? [유-메-나 바리스타가 이마스까?]
관광객은 있었습니까?	観光客はいましたか? [캉꼬-꺄끄와 이마시따까?]
전문가는 없습니까?	専門家はいませんか? [셈몽까와 이마셍까?]
역무원은 없었습니까?	駅員はいませんでしたか? [에끼잉와 이마셍데시따까?]

아침과 밤,
반전 매력의
하코다테

동사 원형의 모양 & 종조사 2

신하코다테 역

혼슈에서 출발해서 1시간 만에 홋카이도 땅을 밟게 되다니...

세상이 정말 발전했구나..

새   삼

(스마트폰 사용자)

혼마구로는 마중 나온다더니 도대체 어디에 있는 거야.(1)

설마 혼자 어디서 뭐 먹고 있는 건 아니겠지.

냠
냠

마구로 없을 때 혼자 먹어야지!

삿포로札幌까지 연결되면, 도쿄에서 삿포로까지 신칸센으로 4시간도 안 걸린다고 하던데?

4시간

정말? 예전에는 꼬박 하루가 걸렸던 거리였잖아.

끄덕 끄덕

홋카이도 신칸센은 현재 홋카이도 남부의 하코다테函館까지 연결되어 있고, 2031년에는 삿포로 구간까지 개통될 예정이에요. 그러면 도쿄에서 삿포로까지 신칸센만으로 4시간도 채 되지 않아서 도착할 수 있답니다.

아 그건 그렇고, 오랜만에 하코다테에 왔더니 배가 고프네.

방금 가리비 에키벤 먹었다고..

안 들림

(벌써 맛집 검색 중)

그럼 뭐라도 먹자. 뭐 먹을래?(2)

응? 당연히 해산물 덮밥海鮮丼아니야?

이미 정해 놨구나..
내 의견은..?

예~

뭐 나도 좋아. 그럼 아침시장朝市 쪽으로 가볼까? 밥집으로
가는 길에 유바리 멜론湯張りメロン도 살 테다.(3)

아! 그 일본 최고의 멜론
말하는 거지?

응응, 그리고 말린 가리비帆立干し랑
명란젓明太子이랑 진공포장 된
이카메시いかめし도 사야지~

이 녀석 제법인데?

나도 분발해야겠어..

2강 아침과 밤, 반전 매력의 하코다테 59

하코다테의 아침시장은
관광객들에게도
잘 알려져 있지만, 현지인들도
각종 해산물, 채소, 과일을 사기
위해 즐겨 찾는 시장이에요.
꼭 한번 들러서 신선하고 맛있는 해산물도
맛보고 현지의 분위기도 느껴 보세요.

하코다테 아침시장

아, 잘 먹었다. 날씨도 좋기도 하고,
조금 걸을래?(4)

뭐??????

(제대로 들었지만 못 들은 척)

하치만자카八幡坂(はちまんざか)나 베이 에어리어ベイエリア 쪽으로 가는 게 어때? 참고로 하치만자카는 언덕이…

베이 에어리어 쪽으로 걷자. 사케짱 줄 오미야게お土産(みやげ)도 사야 하거든.

언덕도 피하고 겸사 겸사~

일본 여행이나 출장 등을 다녀올 때 지역 특산물을 선물로 사오는 문화를 '오미야게'라고 해요. 거창하지 않아도 그 지역의 느낌이 나는 물건이나 음식이면 좋아요. 하코다테의 항구에 조성된 베이 에어리어에는 오미야게를 살 수 있는 지역 특산물과 잡화를 파는 가게들이 모여 있어요.

하코다테 베이 에어리어

앗 저기, 유바리 멜론 아이스크림 발견!!!

너도 먹을래? 아니면 멜론 주스 마실래? 내가 사올게.(5)

난 멜론 주스로 할래.(6)

여기 멜론 아이스크림 하나랑
멜론 주스 두 개 주세요.

주스는 왜 두 개지...

(쌍손 권법)

ㅗ우   ㅗ웃

오늘 저녁에는 하코다테야마函館山에
올라가서 야경을 본다고 했고,
내일은 어디로 간다고 했더라?(7)

하코다테의 야경은
세계 3대 야경으로 알려져
있을 만큼 아름다워요.
날씨가 좋다면, 환상적인
하코다테의 야경을 보며
커피를 마실 수 있는
카페와 레스토랑에 들러 보세요.

내일은 오타루小樽로 가자.
모레는 도쿄로 가야 하거든.

쭈   웁

우리 내일 오타루 가면, 예전에 갔던
어묵 공장에 들러서 즉석 어묵하고
니혼슈 마실래?(8)

샷포로 인근의 항구 도시인 오타루는
운하와 오르골당으로 유명해요.
해산물을 아낌없이 넣어서 만드는
어묵으로 유명한 '가마에이かま栄'
공장과, 즉석에서 만든 어묵을
판매하는 코너도 있어요.
가게 안에 팔고 있는 니혼슈日本酒를
사서 매장에서 함께 마실 수도 있답니다.

녀석.. 이제야 우리 서로 이해하게 된 거 같아..

어묵과 니혼슈로 그게 되는구나..

일본통 日本通 되기!
하코다테 函館 & 오타루 小樽

1 홋카이도 北海道

일본 열도의 최북단에 위치한 홋카이도는 일본에서 가장 매력적인 지역으로 꼽히며, 그중에도 하코다테, 삿포로, 오타루 등은 관광객들에게 언제나 높은 인기를 자랑하고 있어요. 홋카이도는 19세기 메이지明治유신을 거치며 일본에 편입되었지만, 그 전에는 아이누족アイヌ民族을 비롯한 다양한 원주민의 땅이었기 때문에, 지금도 많은 지명이 원주민이 사용하던 지명 그대로 사용되고 있어요. 면적은 일본 국토의 20%에 달하며 대규모의 산지와 평야로 이루어져서 농업이 특히 발달했어요. 홋카이도산 농수산물은 일본 내에서는 물론이고 해외에서도 프리미엄을 인정받고 있어요. 해산물, 감자, 옥수수 등이 유명해요. 특히 홋카이도산 우유를 사용한 제과·제빵류와 아이스크림은 꼭 먹어 봐야 해요.

2 하코다테 아침시장 函館朝市

하코다테 역 바로 앞에 위치한 하코다테 아침시장은 새벽부터 영업을 시작하여 오후 3~4시쯤이면 많은 가게들이 문을 닫아요. 약 250개의 가게가 신선한 해산물을 비롯해서 채소, 과일 등 홋카이도의 특산물을 팔고 있어요. 시장의 신선한 재료를 공수해서 음식을 만들어 주는 식당도 많으니, 식사 때를 맞춰 들러서 한 끼 식사를 하는 것도 좋아요. 특히 '덮밥 골목'에는 해산물 덮밥을 파는 가게가 20여 개 정도 모여 있어요. 그 밖에도 하코다테 특산물인 오징어, 게, 멜론, 옥수수 등도 맛볼 수 있어요.

3 하코다테 모토마치 元町의 하치만자카 八幡坂

하코다테는 150년 전 일본의 개항지 중 하나예요. 당시의 교회와 각국의 영사관이 있어서 이국 문화와 일본 문화가 교차하는 독특한 거리 풍경을 자아내고 있어요. 이 역사적인 건축물들은 밤에는 멋진 조명을 입어 아름다움을 더한답니다. 특히 항구가 내려다보이는 언덕길인 '하치만자카'에는 12월에서 2월 사이에 실시하는 '하코다테 일루미네이션'으로 가로수에 조명을 설치하는데, 이 모습을 보기 위해 많은 관광객들이 모여들어요. 또한 여러 드라마와 영화의 배경으로 등장해서 전 세계 팬들이 찾아 오기도 한답니다.

4 하코다테 베이 에어리어 函館ベイエリア

상쾌한 바닷바람을 느끼며 역사적인 붉은색 벽돌 창고 주변을 산책할 수 있는 베이 에어리어는 밤에는 따뜻한 조명을 받으며 로맨틱한 분위기로 가득해요. 100년 전부터 그 자리를 지키고 있던 벽돌 창고 안에는, 현재 약 40여 개의 상점이 입점해 있어요. 상점에서는 세련된 잡화와 하코다테의 특산물을 만나 볼 수 있어요. 특히 12월 크리스마스 시즌에는, 거대한 크리스마스 트리를 점등하고 있어서 관광객뿐만 아니라 지역민들에게도 사랑받는 데이트 장소가 되고 있어요.

5 하코다테 야경

하코다테야마函館山에서 보는 하코다테의 야경은 나폴리, 홍콩에 이은 세계 3대 야경으로 꼽히는 곳이에요. 특히 하코다테야마의 높이는 야경을 가장 아름답게 느끼게 해주는 완벽한 위치라는 찬사를 받고 있어요. 4월에서 11월에는 케이블카뿐만 아니라 등산 버스, 택시 등 다양한 방법으로 오를 수 있어요. 날씨에 따라 다양한 얼굴을 보여 주는 하코다테의 야경은 안개가 끼면 신비로운 분위기를 자아내고, 눈이 쌓인 겨울에는 예쁘고 거대한 생크림 케이크를 보는 듯한 느낌을 준답니다.

사실 이렇게 멋진 야경은 하코다테 시와 시민의 노력으로 이루어 낸 결과라고 해요. 서치라이트나 현란한 네온사인의 사용은 자제하면서, 가로등은 따뜻한 주황색으로 설치하고 전통 건물에는 그에 어울리는 조명을 설치했어요. 이런 노력으로 만들어진 하코다테의 야경은 하코다테뿐만 아니라 일본의 자랑으로 여겨지고 있답니다.

6 오타루 小樽

홋카이도의 중심 도시인 삿포로에서 기차로 40분 걸리는 작은 항구 도시예요. '미스터 초밥왕' 주인공의 고향으로 등장할 만큼 해산물이 유명한 지역이에요. 초밥뿐만 아니라 해산물을 사용한 다양한 음식이 유명해요. 지금은 사용하지 않는 운하는 그대로 남아 관광자원으로 활용되고 있고, 그 주변의 창고는 상

점가로 운영되고 있어요. 해가 지고 운하에 조명이 들어오면 이국적인 분위기로 가득해요. 특히 2월에 있는 눈빛거리雪明りの街축제는 운하 길을 따라 눈으로 만든 조형물에 따뜻한 등불을 사용해서 동화 속에 들어와 있는 듯한 분위기를 낸답니다. 그 밖에 오르골オルゴール과 유리 공예품도 유명해요.

7 스키의 동네, 오타루

오타루는 스키장에 최적의 조건을 갖춘 지역으로, 시내에서 가까운 거리에 스키장이 세 개나 있어요. 일본 전국 스키 대회 1회를 개최하기도 했고, 세계적으로 유명한 스키 선수도 여러 명 배출했어요. 오타루의 스키장들을 소개할게요.

1) 오타루 텐구야마 스키장 小樽天狗山スキー場

오타루 시내에서 가장 가까운 스키장이에요. 초급부터 상급까지 다양한 코스가 있고, 슬로프에서는 오타루 시내를 내려다볼 수 있어요.

2) 아사리가와 온천 스키장 朝里川温泉スキー場

아사리가와 온천 지구에 있는 스키장이에요. 온천과 스키를 동시에 누릴 수 있는 매력적인 곳이에요.

3) 스노 크루즈 ONZE スノークルーズ ONZE

이 지역에서 가장 빠른 시기에 문을 여는 스키장이에요. 이시카리 만의 푸른 바다를 한눈에 담을 수 있어서 스키와 경치를 모두 누릴 수 있는 인기 스키장이에요.

 홋카이도 tip!

'고맙습니다'의 **ありがとう**를 홋카이도에서는 **いや助かった**(아, 도움을 받았다)라고 해요.

일본어정복

1 도대체 어디에 있는 거야. (1)

^{いったい}
一体、どこにいるのよ。

^{いったい}一体	どこに	いるのよ
도대체	어디에	있는 거야

 이제 드디어 우리도 동사의 원형을 배워 보도록 할게요. 처음 배울 동사는 우리가 앞에서 배웠던 생명체의 '있습니다'에 해당하는 います의 원형 いる예요.

 동사의 원형이요? 그럼 반말인가요?

 네 맞아요. 일본어 동사의 원형은 특징이 있어요. 바로 마지막 글자 (어미)가 모두 'う단'으로 끝난다는 거예요.

 'う단'으로 끝난다면, 우리말 모음 'ㅜ'의 글자로 끝난다는 거죠?

 네 맞아요. 그중에서 う つ る ぬ ぶ む く ぐ す라는 9개 글자로 끝나요. 이렇게요.

	어간	-								
동사원형	어미	う	つ	る	ぬ	ぶ	む	く	ぐ	す

 아하, 9개 글자 모두 우리말 모음 'ㅜ'에 해당하는 발음이네요.

네, 그럼 오늘 그 첫 번째로 '있다'에 해당하는 いる를 사용한 문장을 만나 볼 건데요, の よ 라는 종조사의 쓰임도 함께 볼게요.

 종조사라고 하면, 문장 마지막에 붙어서 뉘앙스를 바꾸는 거죠?

 네 맞아요. の よ 는 우리말로 하면 '~거야'에 해당해요. 다른 동사로 예를 들어 보자면 이렇게 되는 거예요.

1) 만들다 / 만드는 거야
作る / 作るのよ

2) 찾다 / 찾는 거야
探す / 探すのよ

3) 말하다 / 말하는 거야
言う / 言うのよ

 아하! 그럼 상대를 책망할 때 쓰는 말인가요? "도대체 뭘 만드는 거야", "그걸 아직까지 찾는 거야?", "왜 그렇게 말하는 거야" 처럼요?

 네! 그리고 확인이나 강조할 때도 쓸 수 있어요.

 아 그렇겠네요.

---

2 뭐 먹을래? (2)

何食べる?

何	食べる?
뭐	먹을래?

食べる는 '먹다'라는 표현인 것 같은데, 우리말 '먹을래?'나 '먹을 거야?'는 미래형 아닌가요?

 일본어 동사는 미래형이 따로 없어요. 그래서 현재형을 미래형에도 쓸 수 있어요. 그러니까 '먹다-먹을 거다' 모두 食べる를 쓸 수 있는 거예요. 예를 들어 이렇게요.

食べる 먹다/먹을 거다　乗る 타다/탈 거다

売る 팔다/팔 거다　並ぶ 줄 서다/줄 설 거다

 그리고 마지막을 살짝 올리기만 하면, 의문문으로 사용할 수도 있어요.

 오, 편하네요!

 좀 더 부드럽게 '먹을 거니?'라는 느낌으로 사용하려면 마지막에 の를 붙여서 말하는 방법도 있어요. 예를 들어 이렇게요!

1) 먹을 거니?

食べるの?

2) 탈 거니?

乗るの?

3) 팔 거니?

売るの?

4) 줄 설 거니?

並ぶの?

3 유바리 멜론도 살 테다. (3)

湯張り_{ゆば}メロンも買_かうぞ。

湯張り_{ゆば}メロンも	買_かうぞ
유바리 멜론도	살 테다

 이번에는 본인의 다짐이나 주장, 강조 등에 사용하는 종조사 ぞ를 살펴볼게요. 지금처럼 혼잣말로 스스로를 환기시킬 때 쓰기도 해요. 이 말투는 주로 남성들이 쓰는 말투라서 여성들이 쓰면 조금 어색할 수도 있어요.

 아, 남성들이 많이 사용하는 거군요.

 네, 이렇게 쓰면 되는 거예요.

1) 마실 테다
　飲_のむぞ

2) 이길 테다
　勝_かつぞ

3) 발견할 테다
　見_みつけるぞ

4) 열심히 할 테다
　頑張_{がんば}るぞ

 뭔가 애니메이션 주인공들이 할 법한 대사네요!

<ruby>天<rt>てん</rt></ruby><ruby>気<rt>き</rt></ruby>もいいし、<ruby>少<rt>すこ</rt></ruby>し<ruby>歩<rt>ある</rt></ruby>く？

<ruby>天<rt>てん</rt></ruby><ruby>気<rt>き</rt></ruby>も	いいし	<ruby>少<rt>すこ</rt></ruby>し	<ruby>歩<rt>ある</rt></ruby>く？
날씨도	좋기도 하고	조금	걸을래?

 여기에서는 두 번째 칸의 いいし를 보세요. 문장 뒤에 し를 붙이면, 첨가의 의미를 표현할 수 있어요. 예를 들어 이렇게요.

명사	<ruby>日<rt>に</rt></ruby><ruby>本<rt>ほん</rt></ruby><ruby>人<rt>じん</rt></ruby>だし	일본인이기도 하고, 일본인인 데다가
	<ruby>韓<rt>かん</rt></ruby><ruby>国<rt>こく</rt></ruby><ruby>人<rt>じん</rt></ruby>ですし	한국인이기도 하고요, 한국인인 데다가
이형용사	おいしいし	맛있기도 하고, 맛있는 데다가
	<ruby>寒<rt>さむ</rt></ruby>いですし	춥기도 하고요, 추운 데다가
나형용사	<ruby>有<rt>ゆう</rt></ruby><ruby>名<rt>めい</rt></ruby>だし	유명하기도 하고, 유명한 데다가
	<ruby>簡<rt>かん</rt></ruby><ruby>単<rt>たん</rt></ruby>ですし	간단하기도 하고요, 간단한 데다가
동사	いるし	있기도 하고, 있는 데다가
	いますし	있기도 하고요, 있는 데다가

 오호, 품사랑 상관없이 문장에는 다 붙을 수 있네요.

 네, 많이 활용할 수 있을 거예요.

それともメロンジュース<ruby>飲<rt>の</rt></ruby>む？ <ruby>私<rt>わたし</rt></ruby>が<ruby>買<rt>か</rt></ruby>ってくるよ。

それとも	メロンジュース	飲^のむ?	私^{わたし}が	買^かってくるよ
아니면	멜론 주스	마실래?	내가	사올게

 이번에는 마지막 칸의 買ってくるよ를 보세요. '사오다' 라는 동사 買ってくる에 よ를 붙여서 강조의 의미를 더하고 있어요.

 아하, 본인이 사오겠다는 걸 상대방에게 강조하면서 생색도 내는 건가요?

 그럴 수도 있겠네요. よ는 문장 마지막에 붙으면서 강조, 정보 전달의 역할을 해요. 그리고 명령의 역할을 하는 경우도 있어요.

 그러고 보니, よ는 1권에서부터 계속 보고 있는 것 같네요. 어느 정도 익숙해졌어요!

 다행이네요. 하지만 익숙하다고 너무 자주 쓰면, 자기주장이 과한 사람으로 오해받을 수 있으니 꼭 필요할 때만 써야 해요~!

6 난 멜론 주스로 할래. (6)

私^{わたし}はメロンジュースにする。

私^{わたし}は	メロンジュース	にする
난	멜론 주스	로 할래

 이번에는 '하다'의 する를 사용해서 본인의 결정을 표현하는 방법을 배워 볼게요.

 어 그런데, 조사 に는 '-에' 아닌가요? 왜 '-으로'로 사용되고 있죠?!

 일본어 조사 に는 정말 다양한 쓰임이 있어요. 그중에 동사 する와

 함께 써서 にする라고 하면, 우리말 '-으로 하다' 라는 표현을 할 수 있어요.

 아하! 그럼 통째로 외우는 게 좋겠네요. にする!

 네, 그럼 이제 다른 예문을 만들어 볼게요.

1) 소프트 아이스크림으로 할 거니?

ソフトクリームにするの?

2) 소프트 아이스크림으로 할 거야!

ソフトクリームにするよ!

3) 소프트 아이스크림으로 하는 거야!

ソフトクリームにするのよ!

4) 소프트 아이스크림으로 할게!

ソフトクリームにするね!

5) 소프트 아이스크림으로 할 테다!

ソフトクリームにするぞ!

6) 소프트 아이스크림으로 할래!

ソフトクリームにするわ!

 마지막에 나온 ソフトクリームにするわ！는 어떤 느낌인가요?

 ソフトクリームにするわ！처럼 끝에 わ를 붙이면, 여성들이 주로 쓰는 부드러운 말투라고 할 수 있어요.

 아하!

내일은 어디로 간다고 했더라? (7)

明日はどこに行くんだっけ?

明日は	どこに	行くんだっけ?
내일은	어디로	간다고 했더라?

 마지막 칸에 나온 行くんだっけ?의 んだっけ는 어떤 느낌으로 쓰는 건가요?

 だっけ는 회상하면서 사실을 확인하는 거예요. 우리말로 하면 '-이었던가', '-이었지'라고 할 수 있어요. 그래서 '간다고 했더라'는 동사 '가다'의 行く와 연결해 んだっけ를 붙여서 行くんだっけ가 되는 거예요. 이렇게도 만들어 볼 수 있겠죠!

1) 뭐 산다고 했더라?

何買うんだっけ?

2) 왜 온다고 했더라?

どうして来るんだっけ?

3) 어디에서 만난다고 했더라?

どこで会うんだっけ?

4) 언제 출발한다고 했더라?

いつ出発するんだっけ?

 명사를 사용한 문장도 만들어 볼게요. 만드는 방법은 명사 + だっけ 예요.

5) 무슨 날이었지?

何の日だっけ?

6) 몇 번 버스였더라?

何番のバスだっけ?

7) 누구였지?

誰だっけ?

8) 언제였지?

いつだっけ?

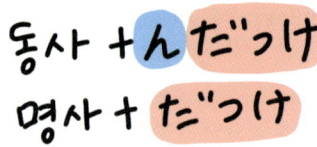

---

8 즉석 어묵하고 니혼슈 마실래? (8)

出来立てのかまぼこと日本酒飲む?

出来立ての	かまぼこと	日本酒	飲む?
즉석	어묵하고	니혼슈	마실래?

 첫 번째 칸 즉석이라는 뜻의 出来立て는 물건이나 음식이 갓 만들어 진, 갓 나온 상태를 말하는 거예요. 거기에 명사를 연결하기 위해 の 가 들어가는 거고요. 이런 예시도 만들어 볼 수 있겠네요.

1) 갓 만들어진 빵

出来立てのパン

2) 갓 만들어진 쿠키

出来立てのクッキー

3) 갓 만들어진 고기찐빵

出来立ての肉まん

이렇게요.

 아…맛있겠네요.

 그리고 かまぼこ는 우리나라의 어묵 같은 음식으로, 생선 살을 갈아서 굽거나 튀기거나 찌거나 또는 삶아서 만드는 거예요. 그 밖에도 다양한 종류의 어묵이 있으니 먹어 보세요.

 저는 일본에 가면 어묵이 그렇게 맛있더라고요. 그 편의점에서 파는 거요.

 쌀쌀한 날씨에 편의점 어묵은 제 영혼의 음식이죠!!

동사 원형의 모양

마지막 글자가 う단으로 끝난다.

동사원형		예시	
어간	어미	단어	의미
	う	迷^{まよ}う	헤매다
	つ	立^たつ	서다
	る	登^{のぼ}る	오르다
	ぬ	死^しぬ	죽다
-	ぶ	飛^とぶ	날다
	む	楽^{たの}しむ	즐기다
	く	働^{はたら}く	일하다
	ぐ	急^{いそ}ぐ	서두르다
	す	こぼす	흘리다

* 일본어 동사 중 ぬ로 끝나는 동사는 死^しぬ밖에 없다.

연습하기

다음 동사의 뜻을 쓰시오.

行_いく	
飛_とぶ	
会_あう	
作_{つく}る	
言_いう	
食_たべる	
見_みつける	
買_かう	
立_たつ	
急_{いそ}ぐ	
頑張_{がんば}る	

来る く	
登る のぼ	
勝つ か	
働く はたら	
並ぶ なら	
楽しむ たの	
探す さが	
出発する しゅっぱつ	
乗る の	
売る う	
迷う まよ	
こぼす	

行く [이끄]	가다
飛ぶ [토부]	날다
会う [아우]	만나다
作る [츠끄루]	만들다
言う [이우]	말하다
食べる [타베루]	먹다
見つける [미쯔께루]	발견하다
買う [카우]	사다
立つ [타쯔]	서다
急ぐ [이소그]	서두르다
頑張る [감바루]	열심히 하다

来る [쿠루]	오다
登る [노보루]	오르다
勝つ [카쯔]	이기다
働く [하따라끄]	일하다
並ぶ [나라부]	줄 서다
楽しむ [타노시무]	즐기다
探す [사가스]	찾다
出発する [슙파쯔스루]	출발하다
乗る [노루]	타다
売る [우루]	팔다
迷う [마요우]	헤매다
こぼす [코보스]	흘리다

카마쿠라에서 떠나는 과거로의 시간 여행

동사 원형의 활용

에노시마 역

사케짱, 너무너무 보고 싶었어!

나도 나도~!

홋카이도에 맛있는 게 많았나 봐,
얼굴이 빵같이...

빵빵이

아냐 비행기 시차 때문이야..

이제 그냥 아무 말이나 하는구나..

그럼 에노시마를 좀 돌아볼까?
어디부터 돌아볼 생각이야?(1)

먼저 에노시마江ノ島(えしま) 섬은
저기 보이니까 패스하고~

(효율 중시)

에노시마 하면, 역시 '슬램덩크'
성지순례 여행이지!

강백호를 만나러 가볼까! 뜨거운 코트를 가르며 너에게 가고 있어 ♪♪♬

열정

진지

이상한 초밥들이다..

에노시마는 만화 '슬램덩크'의 배경으로 유명해요.
강백호가 다니던 고등학교, 오프닝에 등장하는
에노시마 섬 그리고 레트로한 전철 에노덴과
건널목까지!
멋진 쇼-난湘南(しょうなん)의 수평선을 따라 걷기만
해도 감탄이 절로 나오는 바닷가 마을이기 때문에,
슬램덩크 팬이 아니더라도 들러 보면 좋을 거예요.

마구로센세의 본격 일본어 스터디 초급 2. 일본의 이곳저곳

카마쿠라鎌倉로 가기 전에⁽²⁾ 뭔가 좀 먹어야 하지 않을까?

음, 카마쿠라에서 장어덮밥うなぎ丼을 먹을 생각이니까⁽³⁾ 쪼금만 참...

님아.. 제발..

..는 건 안되겠지...

흐음..

저기 당고 하나 먹어라아~~ 옜다!

짤랑

꺄르르

카마쿠라는 일본 13세기 불교 문화가 번성하던 시절의 정취가 남아 있는 고도古都예요. 도심과는 사뭇 다른 풍경과 거리를 찾아 많은 관광객들이 모여들고 있어요. 대불과 수많은 절은 물론이고, 옛 모습을 간직한 상점도 볼거리가 많아요.

카마쿠라

여긴 도쿄에서 한 시간밖에 걸리지 않는 곳인데도 마치 과거에 온 거 같은 느낌이야.

욱.. 나도 아까 그 당고를 먹었어야 했는데..

배고파..

꼬르륵

하하 (선견지명)

쌌옥

아 저 센베이 煎餅 맛있겠다. 장어덮밥 먹기 전에 먹어도 되려나..

센베 두 개 주세요.

고민하지 마~ 둘이서 전부 먹어 치울 거라고 생각해. (4)

(듬직)

와 이 장어덮밥 정말 맛있네!!

원기 회복에는 장어덮밥이라구!

아주머니 장어 추가요!

그렇게 원기가 모자랐니...

밥도 먹었으니 이제 츠루가오카하치만구
鶴岡八幡宮_{つるがおかはちまんぐう}부터 돌아보자.

그리고
입좀..

하하 이런 장어덮밥을 먹었으니
하루 종일 걸을 수 있어! (5)

카마쿠라에는 크고 작은
절과 신사가 많이 있어요.
이 중에 관광객이 많이 찾는 절은
츠루가오카하치만구,
고토쿠인, 하세데라, 엔카쿠지,
메-게츠인 등이 있어요.

츠루가오카하치만구

잘 따라오고 있..

비실
비실

하루 종일 걸을 수 있다던
그 애는 어디 간 거니?

머쓱..

아.. 그 애는 사라진 지 오래입니다..

천천히 좀 가자..

빨리 가야지 요코하마 가서
저녁을 먹지.

으 아아 아 아

저
녁

개항지인 요코하마에는 일본에서 가장 큰 차이나타운이 있어요.
차이나타운을 벗어나면 탁 트인 바다를 바라볼 수 있는
야마시타 공원山下公園이 있고,
공원 건너편 붉은색 벽돌 창고인 아카렝카赤レンガ倉庫에는
예쁜 잡화 가게와 카페가 있어요.
그 밖에도 미술관, 수족관, 놀이동산, 쇼핑몰 등
볼거리가 풍성한 항구도시랍니다.

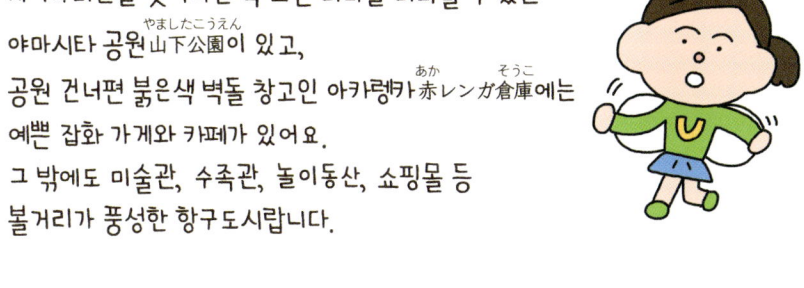

흠냐... 역시 난 저질체력인가 봐

응, 나도 그렇게 생각해.[6]

흠냐 흠냐

그럼 조금만 신세를..

장어를 아무리 많이 먹어도 식곤증은 못 이기는구나..

일본통 日本通 되기!

카나가와 현 神奈川県

1 에노시마 江ノ島

　카나가와 현神奈川県의 대표적인 관광 명소인 에노시마는 도쿄에서 급행열
차로 한 시간이면 도착하는 쇼-난湘南 지역에 있어요. 섬을 오르는 길 양쪽에
는 기념품 가게와 음식점 등이 줄지어 있어요. 연중 해양 스포츠의 명소인 만큼
일본의 제1요트항과 함께 다양한 레저 시절이 밀집해 있어요. 해산물로 만든 다
양한 먹거리가 특산품이며, 특히 인근 바다에서 잡히는 치어인 시라스しらす를
이용한 각종 요리는 이 지역에서 꼭 먹어 봐야 하는 음식 중 하나예요.

　또한 에노시마는 '슬램덩크'의 배경지이자, 유명 드라마와 영화의 배경으로
등장하고 있어서 팬들의 성지순례지로도 유명해요. 풍경이 멋지고 아기자기한
카페와 식당도 많아서 슬램덩크의 팬이 아니더라도 도쿄 여행 중 근교 여행으
로 즐기기 좋은 지역이에요. 아, 날씨가 좋으면 사가미相模 만 너머로 후지산
富士山이 보이기도 하니 전망대에 올라서 멋진 사진도 남기세요!

시라스

2 카마쿠라 鎌倉

카마쿠라는 카나가와 현의 또 다른 명소로 카마쿠라막부 시대의 영광이 고스란히 남아 있는 지역이에요. 불교 문화가 번성했던 시대에 수도 역할을 했던 지역인 만큼 절은 물론이고 신사도 상당히 많은 곳이에요. 일본 내에서도 절과 신사를 좋아하는 사람들은 물론이고, 고즈넉한 옛 정취를 즐기기 위해 많은 관광객들이 찾고 있어요. 명승지를 찾아 조용히 산책을 해도 좋고, 예스러운 모습이 남아 있는 찻집이나 식당에서 일본의 정취에 취해 보기도 좋아요.

3 **카마쿠라의 절과 신사**

카마쿠라에는 절과 신사가 160여 곳이 있다고 알려져 있어요. 그중에도 유명한 곳들을 소개할게요.

1 つるがおかはちまんぐう
鶴岡八幡宮

주소: 神奈川県鎌倉市雪ノ下2-1-31

2 はせでら
長谷寺

주소: 神奈川県鎌倉市長谷3-11-2

3 ずいせんじ
瑞泉寺

주소: 神奈川県鎌倉市二階堂710

4 ほうこくじ
報国寺

주소: 鎌倉市浄明寺2-7-4

5 じょうじゅいん
成就院

주소: 神奈川県鎌倉市極楽寺1-1-5

6 えんがくじ
円覚寺

주소: 神奈川県鎌倉市山ノ内409

7 くずはらおかじんじゃ
葛原岡神社

주소: 神奈川県鎌倉市梶原5-9-1

8 かまくらぐう
鎌倉宮

주소: 神奈川県鎌倉市二階堂154

9 めいげついん
明月院

주소: 神奈川県鎌倉市山ノ内189

10 はくさんじんじゃ
白山神社

주소: 神奈川県鎌倉市今泉3-13-20

11 とうけいじ
東慶寺

주소: 神奈川県鎌倉市山ノ内1367

12 すぎもとでら
杉本寺

주소: 神奈川県鎌倉市二階堂903

13 じょうみょうじ
浄妙寺

주소: 神奈川県鎌倉市浄明寺3-8-31

14 じゅふくじ
寿福寺

주소: 神奈川県鎌倉市扇ヶ谷1-17-7

4 요코하마 橫浜

카나가와 현의 최대 도시인 요코하마는 도쿄에서 전철로 40분이면 도착할 수 있는 항구도시로, 일본 제2의 도시로 성장하고 있어요. 19세기 중반, 일본과의 통상을 요구한 미국의 함선이 내항한 곳이고, 그와 동시에 개항된 이곳은 지금도 무역은 물론이고 공업과 산업의 중심지 역할을 하고 있어요. 그중에 유명한 지역들을 소개할게요.

1) 미나토미라이21 みなとみらい21

각종 박물관, 호텔, 상업시설 등이 밀집해 있어요.

2) 야마시타 공원 山下公園

바다를 접한 공원으로 탁 트인 조망을 즐길 수 있어요.

3) 모토마치 元町, 야마테 山手

근대의 외국인 거주 지역으로 지금도 그 정취를 잘 보존하고 있어요. 다양한 상점들도 밀집해 있어요.

4) 차이나타운

세계 최대 규모의 차이나타운으로 다양한 중국식 문화와 소품을 만나 볼 수 있어요.

5 요코하마 차이나타운 横浜中華街

　요코하마에 자리한 차이나타운은 들어서자마자 중국 분위기가 물씬 풍기는 인상적인 곳이에요. 가게 수만해도 300개가 넘으며 전 세계적으로 최대급인 차이나타운으로 인정받고 있어요. 관동 요리부터 북경, 상해, 사천 등 다채로운 스타일의 중국 식당이 있어요. 신년에는 춘절을 시작으로 각종 중국 명절을 기념하는 축제도 열리고 있어서 일본인 관광객도 많이 찾는 곳이에요.

1 어디부터 돌아볼 생각이야? (1)

どこから回^{まわ}るつもりなの?

どこから	回^{まわ}る	つもりなの?
어디부터	돌아볼	생각이야?

 동사의 원형이 명사를 꾸미는 형태의 문장을 살펴볼게요. '돌아보다'에 해당하는 동사 回^{まわ}る는 계획을 나타내는 '생각'이라는 명사 つもり를 수식하고 있어요. 이때 우리말에서는 '돌아보다'가 '돌아볼'로 바뀌지만, 일본어는 아무것도 손댈 필요가 없어요. 回^{まわ}る를 그대로 생각이라는 명사 つもり 앞에 사용하면, '돌아볼 생각'이 되는 거예요.

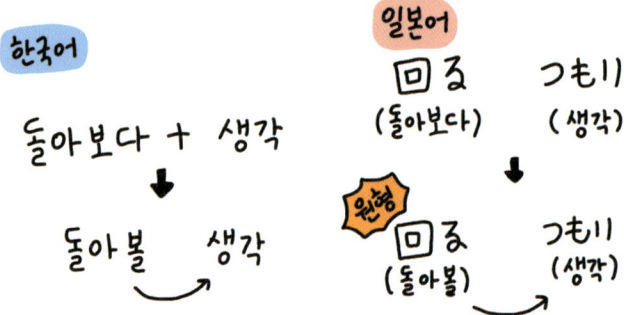

 오, 정말 편하네요. 그럼 저 마지막에 'なの'는 뭔가요?

 지난 2강에서 의문문 마지막에 の를 붙이면 부드러운 말투로 바뀐다고 했던 거 기억나요?

 아하!

ソフトクリームにするの? 소프트 아이스크림으로 할 거니?

이거요?

 네, 맞아요. 그때는 동사로 끝나는 문장이니까 の만 붙였지만, 명사인 つもり로 끝나는 문장은 な가 추가되어서 なの라고 해야 해요.

 오호! 그럼, 우동이니?라고 하려면 うどんなの?라고 하면 되겠네요?

 네 그렇죠! 예문을 몇 개 더 볼게요.

1) 어느 거부터 / 마실 / 생각이니?

どれから / 飲む / つもりなの?

2) 언제 / 전달할 / 계획이니?

いつ / 渡す / 計画なの?

3) 누구랑 / 작업할 / 예정이니?

誰と / 作業する / 予定なの?

 우리말과 마찬가지로 '생각'보다는 '계획'이나 '예정'이라는 단어를 사용하면, 좀 더 공적이고 꼭 지켜야 하는 일이라는 느낌이 있어요.

 아하, 그럼 출장이나 회의 일정처럼 일에 관련된 계획을 얘기할 때 사용하면 좋겠네요!

鎌倉へ行く前に

鎌倉へ	行く	前に
카마쿠라로	가기	전에

 이번에는 장소와 함께 쓰는 '-으로'에 해당하는 조사 へ를 볼게요.
조사로 쓰이는 へ는 [에]라고 읽어야 해요.

 아, 마치 は를 조사로 쓸 때는 [와]라고 읽는 것과 같네요.

 네, 맞아요. 그리고 이번에는 '가다'라는 동사 行く가 '전'이라는 명사 前를 꾸미고 있어요. 그래서 '가기 전'이 되는 거예요.

 아하, 역시 명사를 꾸미는 동사는 자리만 잘 잡아 주면 되는 거네요.
입지 선정이 중요한 포인트군요!

 맞아요. 다른 예문을 더 볼게요.

検索する / 前に 검색하기 / 전에
検索する / 時に 검색할 / 때에
検索する / 度に 검색할 / 때마다

 어! '검색하다'라는 동사 検索する가 어떨 때는 '검색하기'로 해석되고, 어떨 때는 '검색할'로 해석되네요.

 그런 건 우리말로 했을 때 자연스러운 해석을 찾아가면 되는 거예요!
다른 예문도 볼게요.

1) 전화를 걸기 / 전에

電話をかける / 前に
でんわ　　　　　まえ

2) 전화를 걸 / 때에

電話をかける / 時に
でんわ　　　　　とき

3) 전화를 걸 / 때마다

電話をかける / 度に
でんわ　　　　　たび

4) 비행기를 타기 / 전에

飛行機に乗る / 前に
ひこうき　　の　　　まえ

5) 비행기를 탈 / 때에

飛行機に乗る / 時に
ひこうき　　の　　　とき

6) 비행기를 탈 / 때마다

飛行機に乗る / 度に
ひこうき　　の　　　たび

 앗, 마지막에 '비행기를 타다'라는 표현 飛行機に乗る는 왜 조사를
　　　　　　　　　　　　　　　　　　　　　ひこうき　の
を가 아니라 に를 쓰는 거죠?

 이건 우리말과 조금 다른 부분이에요. 특히 조사 に는 이런 경우가
종종 있어요. 이럴 때는 に乗る라고 동사와 조사를 함께 외우는 걸
　　　　　　　　　　の
추천해요!

 네, に乗る!!
　　　　　　の

え、鎌倉でうなぎ丼を食べるつもりだから

え	鎌倉で	うなぎ丼を	食べる	つもりだから
음	카마쿠라에서	장어덮밥을	먹을	생각이니까

 이번에는 장소와 함께 쓰는 '-에서'에 해당하는 조사 で를 볼게요.

장소 + で, 장소 + に

방금 배운 것과 무슨 차이가 있는지 알겠나요?

 음... 이건 우리말로 해보면 될 것 같은데요. 먼저,

장소 + で : 장소 + 에서   장소 + に : 장소 + 에

니까 각각 문장이 달라지는 거 아닌가요?

 맞아요. 우리말로 예문을 만들어 보면,

① 장소 + で : 장소 + 에서

예) 회사에서 일해요, 집에서 쉬어요, 백화점에서 쇼핑해요

와 같이 장소에서 하는 구체적인 동작이 오는 문장이에요.

② 장소 + に : 장소 + 에

예) 회사에 있어요, 집에 와요, 백화점에 가요

는 '장소에 있다-없다', 또는 '가다-오다'와 같이 존재동사와 이동동사가 오는 문장이에요.

장소 + で(에서) + 구체적 동작 동사

장소 + に(에) + 존재, 이동 동사 (있다 없다, 가다 오다)

 우리말로 해보면 이해가 빨리 되겠네요!

 네, 그리고 마지막 칸에 つもりだから를 보세요. '생각이다'라는 뜻의 つもりだ에 から가 붙어서 이유를 표현하고 있어요. 이때 から는 단어 + から가 아니니 주의하세요!

 '단어 + から'는 '단어부터'였죠?!

 네, 마구로센세! 정확해요!

4 둘이서 전부 먹어 치울 거라고 생각해. (4)

二人で全部食べ尽くすと思う。

二人で	全部	食べ尽くす	と思う
둘이서	전부	먹어 치울	거라고 생각해

 먼저 첫 번째 칸의 二人で를 보세요. 인원 + で를 사용해서, '인원으로/인원이서'를 만들 수 있어요. 그럼 '혼자서'는 어떻게 말할까요?

 一人で!

 네, 맞습니다. 그럼 다음으로 '먹어 치울 거라고 생각해'라는 문장을

볼게요. '먹어 치우다'는 동사 食べ尽くす를 사용해요. 그리고 동사 원형 뒤에 と思う를 붙이면 '-라고 생각하다'가 되는 거예요. 이용법은 본인의 계획이나 의지가 아니라, 추측 또는 판단을 나타내는 표현이에요.

아하, 그럼 누군가의 행동을 추측하는 거네요.

맞아요! 동사를 사용하면 행동을, 형용사를 사용하면 상태를 추측하는 표현이 되는 거예요. 명사, 형용사, 동사를 사용한 예문을 좀 더 살펴볼게요.

[명사]

그 가게는 / 노포 / 라고 생각해

その店は / 老舗だ / と思う

[나형용사]

분위기도 / 멋질 거 / 라고 생각해

雰囲気も / おしゃれだ / と思う

[이형용사]

역사가 / 길 거 / 라고 생각해

歴史が / 長い / と思う

[동사]

그도 / 들를 거 / 라고 생각해

彼も / 立ち寄る / と思う

각 품사마다 반말인 문장 뒤에 と思う를 붙이는 거네요!

5 하루 종일, 걸을 수가 있어! (5)

<ruby>一日中<rt>いちにちじゅう</rt></ruby>、<ruby>歩<rt>ある</rt></ruby>くことができるよ!

<ruby>一日中<rt>いちにちじゅう</rt></ruby>	<ruby>歩<rt>ある</rt></ruby>く	ことができるよ
하루 종일	걷는	것이 가능해

 이번에는 こと 를 사용해서 동사를 만들어 볼게요. 동사 원형에 こ と 를 붙이면, '동작하는 것'이라는 동명사를 만들 수 있어요. 문장에서 보면, '걷다'라는 동사 <ruby>歩<rt>ある</rt></ruby>く 에 こと 가 붙어서 '걷는 것'을 만들었어요. 그리고 '이/가'에 해당하는 조사 が를 붙여서 '걷는 것이'를 만든 거죠.

 그럼 '춤추는 것'은 '춤추다'의 동사 <ruby>踊<rt>おど</rt></ruby>る를 사용해서 <ruby>踊<rt>おど</rt></ruby>ること 라고 하면 되겠네요?

 네, 맞아요. 거기에 '가능하다, 할 수 있다'라는 동사 できる를 붙이면, '동작하는 것이 가능하다'라는 문장이 만들어지는 거예요.

 오호, 예문을 좀 더 만들어 보고 싶어요!

 네, 그럴 줄 알고 제가 준비했어요!

1) 하루 종일 / 책을 읽는 / 것이 가능하다
<ruby>一日中<rt>いちにちじゅう</rt></ruby> / <ruby>本<rt>ほん</rt></ruby>を<ruby>読<rt>よ</rt></ruby>む / ことができる

2) 혼자서 / 여행하는 / 것이 가능하다

<ruby>一<rt>ひと</rt></ruby><ruby>人<rt>り</rt></ruby>で / <ruby>旅<rt>りょ</rt></ruby><ruby>行<rt>こう</rt></ruby>する / ことができる

3) 일본어로 / 이야기하는 / 것이 가능하다

<ruby>日<rt>に</rt></ruby><ruby>本<rt>ほん</rt></ruby><ruby>語<rt>ご</rt></ruby>で / <ruby>話<rt>はな</rt></ruby>す / ことができる

6 응, 나도 그렇게 생각해. (6)

うん、<ruby>私<rt>わたし</rt></ruby>もそう<ruby>思<rt>おも</rt></ruby>う。

うん	<ruby>私<rt>わたし</rt></ruby>も	そう<ruby>思<rt>おも</rt></ruby>う
응	나도	그렇게 생각해

 '그렇게 생각해'라는 표현은 そう<ruby>思<rt>おも</rt></ruby>う 라고 해요. 그렇다면, '이렇게 생각해'는 어떻게 표현할까요?

 '이 / 그 / 저 / 어느'는 'こ / そ / あ / ど'니까 こう<ruby>思<rt>おも</rt></ruby>う 맞나요?

 맞아요. 그럼 どう<ruby>思<rt>おも</rt></ruby>う는 무슨 뜻일까요?

 ど는 '어느'니까 '어떻게 생각해'겠네요.

 네, 맞아요. 상대의 의견을 물을 때 사용할 수 있겠죠! 마구로센세, 일본어 실력이 점점 늘고 있는 것 같은데요!?

こ 이 / そ 그 / あ 저 / ど 어느 + う思う → 이렇게 생각해 / 그렇게 생각해 / 어떻게 생각해

1) 이 문제 어떻게 생각해?

　この問題、どう思う?

2) 이 메뉴 어떻게 생각해?

　このメニュー、どう思う?

3) 그(에 대해) 어떻게 생각해?

　彼のこと、どう思う?

 문법정리

동사 원형의 활용

1) 回るつもりだ

　동사원형 + つもりだ: 동작할 생각이다(미래의 계획)

2) 行く前だ

　동사원형 + 前: 동작하기 전

3) 行く時だ

　동사원형 + 時: 동작한 때

4) 食べ尽くすと思う

　동사원형 + と思う: 동작할 거라고 생각한다(추측, 판단)

5) 歩くことができる

　동사원형 + ことができる: 동작하는 것이 가능하다

다음 제시어를 사용하여 문장을 완성하시오.

제시어		문장
進^{すす}める	진행할 생각이다 (미래의 계획)	
留学^{りゅうがく}する	유학할 생각이다 (미래의 계획)	
出^でかける	외출할 생각이다 (미래의 계획)	
着替^{きがえ}える	갈아입을 생각이다 (미래의 계획)	
断^{ことわ}る	거절할 생각이다 (미래의 계획)	
取^とり消^けす	취소하기 전	
泳^{およ}ぐ	수영하기 전	
酔^よっ払^{ばら}う	술 취하기 전	
試験^{しけん}を受^うける	시험을 보기 전	
忘^{わす}れる	잊기 전	
離陸^{りりく}する	이륙할 때	
着陸^{ちゃくりく}する	착륙할 때	

見守る みまも	지켜볼 때	
起きる お	일어날 때	
残業する ざんぎょう	야근할 때	
片付ける か た づ	정리할 거라고 생각한다 (추측, 판단)	
我慢する が まん	참을 거라고 생각한다 (추측, 판단)	
間に合う ま あ	시간에 맞출 거라고 생각한다 (추측, 판단)	
おごる	한턱낼 거라고 생각한다 (추측, 판단)	
盛り上がる も あ	흥이 오를 거라고 생각한다 (추측, 판단)	
合格する ごうかく	합격하는 것이 가능하다	
諦める あきら	포기하는 것이 가능하다	
守る まも	지키는 것이 가능하다	
案内する あんない	안내하는 것이 가능하다	
休む やす	동작하는 것이 가능하다	

제시어	문장	
進める すす [스스메루]	진행할 생각이다 (미래의 계획)	進めるつもりだ すす [스스메루 쯔모리다]
留学する りゅうがく [류-가끄 스루]	유학할 생각이다 (미래의 계획)	留学するつもりだ りゅうがく [류-가끄 스루 쯔모리다]
出かける で [데까께루]	외출할 생각이다 (미래의 계획)	出かけるつもりだ で [데까께루 쯔모리다]
着替える き が え [키가에루]	갈아입을 생각이다 (미래의 계획)	着替えるつもりだ き が え [키가에루 쯔모리다]
断る ことわ [코또와루]	거절할 생각이다 (미래의 계획)	断るつもりだ ことわ [코또와루 쯔모리다]
取り消す と け [토리께스]	취소하기 전	取り消す前 と け まえ [토리께스 마에]
泳ぐ およ [오요그]	수영하기 전	泳ぐ前 およ まえ [오요그 마에]
酔っ払う よ ばら [욥빠라우]	술 취하기 전	酔っ払う前 よ ばら まえ [욥빠라우 마에]

試験を受ける [시껭오 우께루]	시험을 보기 전	試験を受ける前 [시껭오 우께루 마에]
忘れる [와스레루]	잊기 전	忘れる前 [와스레루 마에]
離陸する [리리끄 스루]	이륙할 때	離陸する時 [리리끄 스루 마에]
着陸する [챠끄리끄 스루]	착륙할 때	着陸する時 [챠끄리끄 스루 또끼]
見守る [미마모루]	지켜볼 때	見守る時 [미마모루 또끼]
起きる [오끼루]	일어날 때	起きる時 [오끼루 또끼]
残業する [잔교- 스루]	야근할 때	残業する時 [잔교- 스루 또끼]
片付ける [카따즈께루]	정리할 거라고 생각한다 (추측, 판단)	片付けると思う [카따즈께루또 오모우]
我慢する [가망스루]	참을 거라고 생각한다 (추측, 판단)	我慢すると思う [가망스루또 오모우]

間に合う ま　あ [마니아우]	시간에 맞출 거라고 생각한다 (추측, 판단)	間に合うと思う ま　あ　　　おも [마니아우또 오모우]
おごる [오고루]	한턱낼 거라고 생각한다 (추측, 판단)	おごると思う おも [오고루또 오모우]
盛り上がる も　あ [모리아가루]	흥이 오를 거라고 생각한다 (추측, 판단)	盛り上がると思う も　あ　　　　おも [모리아가루또 오모우]
合格する ごうかく [고-까끄 스루]	합격하는 것이 가능하다	合格することができる ごうかく [고-까끄 스루 꼬또가 데끼루]
諦める あきら [아끼라메루]	포기하는 것이 가능하다	諦めることができる あきら [아끼라메루 꼬또가 데끼루]
守る まも [마모루]	지키는 것이 가능하다	守ることができる まも [마모루 꼬또가 데끼루]
案内する あんない [안나이 스루]	안내하는 것이 가능하다	案内することができる あんない [안나이 스루 꼬또가 데끼루]
休む やす [야스므]	동작하는 것이 가능하다	休むことができる やす [야스므 꼬또가 데끼루]

산업과 미식의 도시 나고야에서 미소카츠 대작전!

동사 그룹별 ます형(존댓말) 만들기

나고야

타카야마로 가는 기차 시간이 좀 남았네.

그렇다면...!

그 패턴 뻔하다 뻔해..

머쓱..

아냐 아냐. 계속해..

나고야 커피숍의 모닝세트지!!

와~

자동차 산업 중심 도시인 나고야는
바쁜 아침에 간단하게 한 끼를 해결할 수 있는
모닝세트가 발달했어요.
아침 식사 시간대에 카페에 가면, 토스트와
샐러드, 달걀 요리에 커피까지 함께 나오는
모닝세트를 저렴한 가격으로 즐길 수 있어서
호텔 조식도 부럽지 않아요!

난 아침으로 이런 모닝세트 너무 좋더라.

왜?

이런 정갈한 구성으로 먹으면
기분이 좋아져~

음.. 내 건 그런데..

히잉

네 건 토스트를 너무 많이 추가해서
정갈하기보다는 정말 큰데..

나고야의 유명한 음식은 또 뭐야?

히츠마부시ひつまぶし와 미소 돈카츠味噌カツ가 유명해.

오호, 그런데 우리 기차 시간까지 그렇게 시간이 많지 않아서, 한 가지는 포기해야 될 것 같은데..

히츠마부시는 따뜻한 밥에 양념한 장어구이를 썰어 올린 음식이에요. 나고야의 명물인 아카미소赤味噌를 사용한 소스로 만든 미소 돈카츠(미소카츠)는 숙성된 된장의 풍미와 고소한 맛의 미소 소스가 새로운 돈카츠의 세계를 보여 줄 거예요.

아카미소 돈카츠

히츠마부시

....뭐... 포기???

아아...

다른 건 다 포기해도 음식만은 포기 못 해!!!

빼에!

아 물론 일본어 공부도 포기 못 해!!!

책.. 끝날 뻔..

일단 가보자! 날 믿어!!

파닥 파닥

응.. 그 어느 때보다 믿음직스러워...

히츠마부시 식당

장어덮밥을 다양하게 먹을 수 있나 봐.

나는 그래도 기본으로 먹겠어.

저번에 오챠즈케お茶漬け로 먹어 봤는데 엄청 맛있…

여기 덮밥 두 개에 오챠즈케요~!

그런데 역시나 시간이 모자라.. 미소카츠는 다음에..

잠깐!!!!

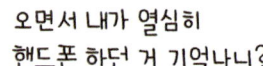

오면서 내가 열심히 핸드폰 하던 거 기억나니?

초집중

그건 다 작전 구상 중이었어.. 후후 나만 믿어

와 맛있겠다!!

안들림..

바로 그 작전은..

나고야 역

GRAND KIOSK

여유 만만한 표정인걸?

후훗.. 기다려 봐

나고야 역은 에키벤駅弁(えきべん)이 유명하다구..

능글

그 에키벤을 미소카츠 메뉴로 먹는다면!!!!

짠

창피

우와 이거 봐, 방금 먹은 히츠마부시를 김밥처럼 말아 놓은 거야. 마츠자카 소고기松坂牛(まつざかぎゅう)로 만든 소고기 덮밥도 있어.

이것도 맛있어 보여.. 이것도.. 저것도..

미소카츠 에키벤 두 개요!

후.. 너 아니면 미소카츠 작전이 눈앞에서 실패할 뻔..

질질

나고야 역은 중부지방 중심 도시의 역답게
언제나 출퇴근 인파와 출장 온 직장인들로 붐벼요.
중앙 개찰구를 나오면 맞은편에 다양한
에키벤과 식음료를 팔고 있는
GRAND KIOSK 名古屋가 있으니,
일본 에키벤을 맛보고 싶다면 한번 들러 보세요.

타카야마 역

우와 도시랑은
다른 공기,
정말 상쾌해~

기후 현岐阜県 타카야마는
작은 교토라고 불리는 고즈넉한
옛 정취를 간직한 구시가지
거리로 유명해요.

小 작은
京 교
都 토

먼저 '너의 이름은君の名は'의 배경으로
나온 히에신사日枝神社를 가보자!

나도 거기서 미츠하三葉가 되어 볼래!

ㄲ꺄~

(미츠하~마구로센세 버전..)

아, 그럴래? 그럼 난 모르는 척 하고 있을게.

외면

이런 곳에 왔으면 원래 이렇게 몰입해야 되는 거야.

자 내가 미츠하면 너는 타키쿤!

어 색..

따라해 봐 오나마에와!!

쑥스러워 하지 말구.. 타키쿤!!

오나마에와!

그건 '러브레터'의 오겡키데스카~ 같은데..

뭐 어때 감정이 중요한 거야.

히에신사

우와 여기구나.
미츠하가 시골 싫어!
인생 싫어! 하던 곳이.

사실 미츠하는 이렇게 말하죠.
もうこんな町いややぁ! 이런 마을 싫어요!
こんな人生いややぁ! 이런 인생도 싫어요!
来世は東京のイケメン 다음 생에는 도쿄의 훈남으로
男子にしてくださぁいっ! 태어나게 해주세요!

여기서 조금 떨어진 히다飛騨의 히다후루카와 飛騨古川에 배경지가 더 있다고 해.

내일 타카야마의 아침시장朝市에 들렀다가 가면 되겠다.

기후 현의 히다는 원래 '히다소고기'로 유명한 지역이에요.
애니메이션 '너의 이름은'의 배경으로 알려지기 전까지는
관광객도 많지 않은 조용한 시골 마을이었는데,
이제는 해외에서 성지순례로 찾아오는 사람도 있을 정도로 유명해졌어요.

그럼 이제 타카야마의 핫플레이스, 구시가지 古い町並み로 가보자!

히다소고기 초밥이랑, 사케 양조장을 꼭 가봐야지!

녹차 카페가 있다고 하니, 디저트는 거기서 먹는 게 어때?

호호 이럴 땐 정말 쿵짝이 잘 맞아.

다른 때는?..

자 그럼 출발~~!

일본통 日本通 되기!
あいち현愛知県 & 기후현 岐阜県

1 나고야 名古屋

아이치 현愛知県에 위치한 나고야는 일본 중부지방의 대표 도시이자 일본 3대 도시(도쿄, 오사카, 나고야) 중 하나예요. 나고야 일대는 도요타 자동차 공장을 중심으로 하는 자동차 산업의 중심지예요. 나고야 성名古屋城, 레고랜드 레고랜드 등의 관광지가 있어 놀기에도 좋고, 계획도시여서 길을 찾아다니는 것도 정말 편하답니다.

야구를 좋아하는 분들은 선동열 감독의 선수 시절, '나고야의 태양'으로 기억하는 쥬니치드래곤즈中日ドラゴンズ의 홈구장도 있어요.

2 히츠마부시 ひつまぶし

히츠마부시는 주재료인 장어를 최상의 상태로 보관해서 맛있는 기름만 남기는 것이 맛의 포인트예요. '히츠ひつ'라고 하는 나무 그릇에 담아 나오는데, 이때 음식을 4등분해서 첫 번째는 그대로 즐기고, 두 번째는 다양한 고명(김, 고추냉이, 파 등)을 올려서 먹어요. 그리고 세 번째는 육수로 오챠즈케お茶漬け를 만들어 먹는 거예요. 마지막으로는 그중에 가장 맛있었던 방법으로 먹으면 돼요. 덮밥이니까 비벼 먹지 말고 살짝 떠먹으면 더 적절한 간으로 먹을 수 있어요!

3 미소 돈카츠 味噌カツ

아카미소赤味噌는 대두를 사용해 만든 된장으로, 쌀이나 보리로 만든 된장보다 긴 시간을 숙성하기 때문에 맛과 향기가 뛰어나요. 이런 아카미소는 우동의 국물 맛을 낼 때 사용하거나, 돈카츠 소스로 사용하는 등 다양한 요리에 잘 어울려요. 그중에도 미소 돈카츠는 나고야에서 꼭 먹어 봐야 하는 명물이에요.

4 **나고야 에키벤** 駅弁

　소득수준이 비교적 높고 좋은 재료의 산지가 가까운 나고야는 일본의 미식

도시 중 하나예요. 그렇기 때문에 에키벤도 항상 다양하게 준비되어 있답니다.

나고야 역의 GRAND KIOSK 名古屋에는 50종류가 넘는 에키벤을 팔고 있어

요. 현지인들에게도 인기 있는 에키벤과 가격을 알려드릴게요. (2019년 기준)

① ひつまぶし巻き 1000円

히츠마부시 김밥

② ひつまぶし弁当 1450円

히츠마부시 도시락

③ 松坂牛めし 1200円

마츠자카 소고기 덮밥

④ なごや 1050円

나고야 (다양한 반찬으로 구성된 도시락)

⑤ だるまのみそかつヒレ重 950円

달마대사의 미소 돈카츠 덮밥

⑥ 松浦の松阪牛焼肉弁当 1300円

마츠자카 소고기 구이 도시락

⑦ こだま 760円

코다마 (다양한 반찬으로 구성된 도시락)

⑧ 復刻弁当 690円

복각도시락 (다양한 반찬으로 구성된 도시락)

⑨ 幕の内昭和 700円

마꾸노 우찌 쇼-와 (다양한 반찬으로 구성된 도시락)

⑩ 松浦のみそカツ 980円

마츠우라 미소 돈카츠

5 타카야마 高山^{たかやま}

　나고야에서 3시간가량 걸리는 산골 마을인 기후 현岐阜県^{ぎふけん} 타카야마는 일본의 전통적인 분위기와 오랜 역사를 간직한 구시가지 거리로 유명해요. 잘 보존된 전통 가옥과 풍경은 에도江戸^{えど}시대 분위기를 자아내고 있어요. 마을 전체가 이런 전통 가옥의 보존을 위해 함께 노력하는 멋진 마을이에요. 또한 거리에는 공예품 상점과 양조장, 카페를 비롯한 다양한 먹거리를 즐길 수 있는 곳들이 많아서 걷는 것만으로도 즐거운 곳이에요. 타카야마 마츠리祭^{まつ}り가 2017년 유네스코 무형문화재로 지정되면서 많은 관광객이 이곳을 찾고 있어요.

6 히다 飛騨(ひだ)

기후 현의 히다는 산림 지역으로, 지역 목장에서 키우는 소인 히다규飛騨牛(ひだぎゅう)가 유명한 지역이에요. 애니메이션 '너의 이름은君(きみ)の名(な)は'의 배경으로 히다후루카와飛騨古川(ひだふるかわ) 역이 널리 알려지면서, 지금은 애니메이션 팬들이 찾아오는 성지순례 장소가 되었답니다. 애니메이션의 팬이라면, 미리 동선을 파악해서 이곳을 방문하는 일정을 짜보세요!

 아이치&기후 tip!

> '고맙습니다'의 ありがとう를 아이치에서는 ありがとうさん라고 해요.
> '고맙습니다'의 ありがとう를 기후에서는 きのどく 또는 うたてー라고 해요.

일본어정복

1 일본어 동사의 그룹

 일본어에서 동사는 세 가지 그룹으로 나뉘는데요, 그 이유는 동사를 변형할 때, 그룹별로 그 방법이 다르기 때문이에요.

 변형이요? 변신 같은 건가요?

 음, 비슷해요! 반말에서 존댓말로 변신!하는 거랍니다.

우리말로 예를 들자면,

반말	변형	존댓말
가다	+ ㅂ니다	갑니다
먹다	+ 습니다	먹습니다

 이렇게 동사에 따라서 변형하는 방법이 다른 것과 마찬가지예요.

 아하! 그렇군요.

2 1그룹 동사

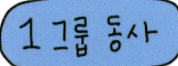

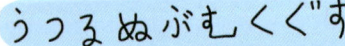

 그럼 1그룹 동사는 어떻게 나뉘는지 살펴볼게요. 1그룹 동사는 일본어 동사 중에서 개수가 가장 많아요. 일본어에서 동사의 마지막 글자가 어떤 글자로 끝난다고 했는지 기억나요?

아, 2강에서 배운 거죠? 마지막 글자가 う つ る ぬ ぶ む く ぐ す라는 9개 글자로 끝난다고 했어요.

 맞아요. 1그룹 동사는 그 9개 글자로 끝나는 동사가 모두 포함돼요.

 그럼, 모든 동사가 1그룹이라는 건가요?

 아니요. 그중에서 2그룹 동사와 3그룹 동사도 있어요. 구분하는 방법도 알려 줄게요.

 네, 그럼 2그룹 동사는 그중에 어떤 동사인가요?

3 2그룹 동사

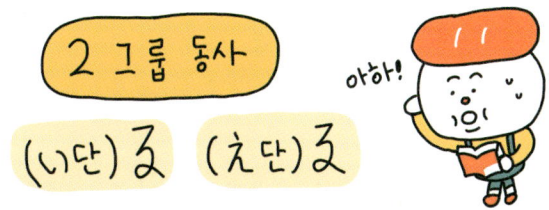

 2그룹 동사는 동사의 마지막 글자 う つ る ぬ ぶ む く ぐ す 라는 9개 글자 중에서 る로 끝나는 동사에 들어 있어요. 그 외에 う つ ぬ ぶ む く ぐ す로 끝나는 동사는 무조건 1그룹이에요.

 2그룹은 る로 끝난다고요? る로 끝나는 동사 중에 1그룹 동사도 있다면서요!! 어떻게 구분하면 되는 거예요?

 2그룹 동사는 る로 끝나는 동사 중에서, る 바로 앞 글자가 い단 또는 え단이어야 해요. 이렇게요.

...	い단	る	예1) 見る, 起きる, 信じる
	え단		예2) 食べる, 寝る, 止める

 아하! 그럼 이 두 가지 조건을 만족해야 하는 거네요.

① 마지막 글자가 る로 끝난다.

② る의 바로 앞 글자가 い단 또는 え단이다.

 네, 맞아요!

 그럼 마지막 3그룹 동사에는 어떤 것들이 있나요?

4 3그룹 동사

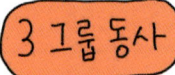  

 3그룹 동사도 る로 끝난답니다.

 그럼 어떤 조건이 또 있겠네요.

 조건이라기보다는 딱 두 개밖에 없으니 그냥 외우면 된답니다~

 오, 두 개라면 저도 외울 수 있어요. 어떤 동사인가요?

 이 두 개예요.

① する 하다
② 来る 오다

간단하네요! 결국 동사 중에서도 る로 끝나는 동사일 때만 신경 쓰면 되겠네요. る로 끝나는 동사는 1·2·3그룹 모두 있으니까요. 그중에 3그룹은 두 개밖에 없으니, 2그룹 규칙만 확실히 알아 두면 끝!!

 좋아요! 그런데…
모든 규칙에는 예외가 있잖아요? ^^; 이번에도 예외가 한 가지 있어요.

5 예외1그룹 동사

 바로 예외 1그룹이라는 동사들이 있어요.

 아, 예외 싫어…

 예외 1그룹이라는 것은 1그룹에 넣어 줘야 하는 동사인데, 겉모습만 보면 2그룹으로 착각할 수 있는 동사를 말하는 거예요. 예를 들어 이런 동사를 보세요.

帰(かえ)る, 入(はい)る, 走(はし)る, 切(き)る, 要(い)る,
喋(しゃべ)る, 握(にぎ)る, 知(し)る, 焦(あせ)る, 滑(すべ)る, 裏切(うらぎ)る, 限(かぎ)る…

 모두 2그룹 동사의 모양을 하고 있네요.

 그렇죠? 하지만 이 동사는 모두 1그룹에 넣어 줘야 하는 동사랍니다.

 그럼, 이 동사들은 어떻게 구분하면 되는 거죠?

 외워야죠!!

 아하! 네…ㅠㅠ
이런 예외 1그룹은 총 몇 개인가요?

현대 일본어에서 예외 1그룹은 40여 개로 알려져 있어요. 그렇다고 그걸 한번에 다 외울 필요는 없어요! 위에서 보여 준 예시 동사를 먼저 외우고 나머지는 차차 외워 가세요.

- 예외 1그룹 동사 -

^{かえ}
帰る 돌아가다, 돌아오다

^{はい}
入る 들어가다, 들어오다

^{はし}
走る 달리다

^き
切る 자르다

^い
要る 필요하다

^{しゃべ}
喋る 수다 떨다

^{にぎ}
握る (손에) 꽉 쥐다

^し
知る 알다

^{あせ}
焦る 안달하다

^{すべ}
滑る 미끄러지다

^{うらぎ}
裏切る 배신하다

^{かぎ}
限る 한정하다, 한정되다

6 동사의 ます형 만들기

 동사의 그룹을 나누는 방법을 알아 봤으니, 이제 그 그룹별로 동사를 변형해 보도록 할게요. 첫 번째로 동사의 ます형을 만들어 볼게요.

 ます형이 뭔가요?

 ます형은 동사의 존댓말을 말하는 거예요!

 아하, 1강에서 본 あります, います처럼요?

 그렇죠!

 이걸 배우면 모든 동사를 존댓말로 할 수 있겠네요.

	동사 원형	변형	ます형
1그룹	行く	마지막 글자를 う단에서 い단으로 바꾸고 + ます	行きます
2그룹	食べる	마지막 글자 る를 지우고 + ます	食べます
3그룹	する	불규칙	します
	来る	불규칙	来ます

 1그룹은 마지막 글자를 바꿔야 하는 거네요. う단에서 い단으로 바꾼다는 건 이렇게 하면 되겠네요.

う → い　　　　　む → み
つ → ち　　　　　く → き
る → り　　　　　ぐ → ぎ
ぬ → に　　　　　す → し
ぶ → ぶ

 네 맞아요. 그렇게 바꾸고 나서 ます를 붙이면 되는 거예요.

 2그룹은 간단하네요. 마지막 글자 る를 지우기만 하고 ます를 붙이면 되겠네요.

 네, 그래서 2그룹은 만나면 반가운 친구예요!

 3그룹은 두 개밖에 없어서 외우기로 했었으니까…

する → します
来る → 来ます

그리고 예외 1그룹 동사를 몇 개만 더 살펴볼게요. 예외 1그룹 동사는 모두 마지막 글자가 る로 끝나니까, る를 り로 바꾸고 ます를 붙이면 돼요.

<ruby>帰<rt>かえ</rt></ruby>る → <ruby>帰<rt>かえ</rt></ruby>ります
<ruby>入<rt>はい</rt></ruby>る → <ruby>入<rt>はい</rt></ruby>ります
<ruby>走<rt>はし</rt></ruby>る → <ruby>走<rt>はし</rt></ruby>ります
<ruby>切<rt>き</rt></ruby>る → <ruby>切<rt>き</rt></ruby>ります

문법정리

동사 그룹별 ます형 만들기

그룹	원형(반말)	변형	ます형(존댓말)
1그룹	^{かよ}通う : 다니다	마지막 글자를 う단에서 い단으로 바꾸고 + ます	^{かよ}通います
	^ま待つ : 기다리다		^ま待ちます
	^お終わる : 끝나다		^お終わります
	^し死ぬ : 죽다		^し死にます
	^{よろこ}喜ぶ : 기뻐하다		^{よろこ}喜びます
	^す住む : 살다, 거주하다		^す住みます
	^き聞く : 듣다, 묻다		^き聞きます
	^{そそ}注ぐ : 따르다, 붓다		^{そそ}注ぎます
	^へ減らす : 줄이다		^へ減らします
예외1그룹	^{にぎ}握る : (손에) 꽉 쥐다		^{にぎ}握ります
2그룹	^{しら}調べる : 조사하다	마지막 글자 る를 지우고 + ます	^{しら}調べます
	^き着る : 입다		^き着ます
3그룹	する : 하다	불규칙	します
	^く来る : 오다		^き来ます

다음 동사의 그룹을 나누고 ます형으로 바꾸시오.

동사 원형	그룹	동사 ます형
消^けす 지우다, 끄다		
負^まける 지다, 패배하다		
する 하다		
無^なくす 잃다, 없애다		
笑^{わら}う 웃다		
書^かく 쓰다, 적다		
眠^{ねむ}る 잠들다		
包^{つつ}む 싸다, 포장하다		
騙^{だま}す 속이다		

開ける 열다		
死ぬ 죽다		
思う 생각하다		
呼ぶ 부르다		
脱ぐ 벗다		
なる 되다		
にあう 어울리다		
目立つ 눈에 띄다		
来る 오다		
助ける 돕다		
起きる 일어나다		

동사 원형	그룹	동사 ます형
<ruby>消<rt>け</rt></ruby>す [케스] 지우다, 끄다	1	<ruby>消<rt>け</rt></ruby>します [케시마스]
<ruby>負<rt>ま</rt></ruby>ける [마께루] 지다, 패배하다	2	<ruby>負<rt>ま</rt></ruby>けます [마께마스]
する [스루] 하다	3	します [시마스]
<ruby>無<rt>な</rt></ruby>くす [나꾸스] 잃다, 없애다	1	<ruby>無<rt>な</rt></ruby>くします [나꾸시마스]
<ruby>笑<rt>わら</rt></ruby>う [와라우] 웃다	1	<ruby>笑<rt>わら</rt></ruby>います [와라이마스]
<ruby>書<rt>か</rt></ruby>く [카끄] 쓰다, 적다	1	<ruby>書<rt>か</rt></ruby>きます [카끼마스]
<ruby>眠<rt>ねむ</rt></ruby>る [네무루] 잠들다	1	<ruby>眠<rt>ねむ</rt></ruby>ります [네무리마스]

包む [츠쯔무] 싸다, 포장하다	1	包みます [츠쯔미마스]
騙す [다마스] 속이다	1	騙します [다마시마스]
開ける [아께루] 열다	2	開けます [아께마스]
死ぬ [시누] 죽다	1	死にます [시니마스]
思う [오모우] 생각하다	1	思います [오모이마스]
呼ぶ [요부] **부르다**	1	呼びます [요비마스]
脱ぐ [누그] 벗다	1	脱ぎます [누기마스]
なる [나루] 되다	1	なります [나리마스]

코-베 아리마 온천의 명물 만주를 찾아라!

동사 ます형의 활용1
(미래·과거·부정)

관서 지역 효고 현의 코－베 시는
일본에서 거리 풍경이 가장 예쁜
도시 중 하나예요. 개화기의 개항지로서
그 당시의 건물과 조화로운 거리 풍경이
예뻐서 걷기만 해도 좋은 동네랍니다.

神戸市
코　　베　　시

그나저나 코-베는 어디를 가도 너무 예쁘네요. 뭔가 공기까지 우아하다고 할까.

그렇죠? 유리링의 최애 도시 중 한 곳이에요. 마야산 摩耶山에서 보는 야경도 정말 예술이에요.

마야산이요? 저는 모레 올라갈 거예요.⁽¹⁾

코-베의 마야산은 야경 명소 중 한 곳이에요. 등산로와 다양한 교통수단으로 오를 수 있어요. 낮에도 좋지만, 해가 진 후 코-베의 멋진 야경을 즐길 수 있는 곳이랍니다. 전망대에는 카페도 있으니, 추운 날씨에도 걱정 없어요!

나는 어제 올라갔어요.⁽²⁾ 어제는 안개가 살짝 끼어서 뭔가 몽환적이었어요.

우와 그것도 멋지겠네요. 어제 올라갈 때, 로프웨이를 탔나요?

아니요, 타지 않았어요. [7]
저는 날개가 있잖아요.

파닥 파닥

역시 요정..

그나저나 오늘 점심은 이름도
아름다운 코−베규로 할까 하는데,
유리링도 함께 가지 않을래요? [3]

현기증
난다~

아.. 코−베규는 어제 먹었기 때문에,

냠 냠

때문에?..

오늘은 오늘의 코−베규를
먹어야겠네요!
내가 안내할 테니까, 갑시다! [4]

역시 만만한
상대가 아니야..

와규라고 불리는 일본산 소고기 중에서도
코−베규는 최고의 소고기로 인정받아요.
고기 색이 옅은 핑크 빛을 띨 정도의
마블링霜降り과 섬세한 풍미, 부드러운
식감 때문에 소고기 마니아들이 열광하는
소고기 브랜드가 되었답니다.

KOBE
BEEF

훗!

괜히 코-베규 코-베규 하는 게 아니군요.. 환상적이네요...

그리고 제 카드 값도 환상의 나라로 떠날 것 같네요...

안녕

걱정 마세요 마구로센세! 이건 제가 쏩니다!

으윽!

탕!
탕!

아아닛! 이럴 수가!

그렇다면 후식은 제가 전부 책임지는 걸로!

감사합니다

(세상 멋짐)

키타노 이진칸 스타벅스

어디에 앉을래요?(5)

디저트 진열대가 잘 보이는 쪽이 좋을 것 같아요.

(본격)

여기 키타노北野 지역은 아기자기한 유럽 테마파크 같아요!
게다가 이런 고풍스런 건물을 보며 차를 마실 수 있다니! 최고예요!

키타노는 개화기 당시의 서양식 건물들이 밀집해 있는 곳이에요. 언덕에 위치해 있어서 바다가 내려다보이는 풍경도 즐길 수 있어요.

일본 속 작은 유럽으로 불리기도 합니다.

저는 내일 아리마 온천有馬温泉에서 료칸旅館을 갈까 해요.

료칸이요? 어디로 예약했어요?

아직 예약은 안 했는데요..

료칸은 식사 준비 때문에 예약하지 않으면 안 받아 줄 수도 있어요.

스미마셍

일본 전통 료칸은 숙박과 식사를 함께 예약할 수 있는 곳이에요.
특히 산지에서 나는 제철 재료를 사용해서 정성껏 차려 내는 카이세키 요리会席料理는
かいせきりょうり
담음새와 접시와의 조화까지 고려하는 화려한 코스 메뉴로 구성되어 있어요.
이 카이세키 요리의 평판을 보고 료칸을 선택하는 사람도 많아요.

헉, 당장 예약해야겠네.
유리링은 어디로 가요?

아직 모르겠어요.(6) 하지만,
기억하세요. 나는 늘 마구로센세와
함께 있어요.

파닥   파닥

유려...ㅇ;; 아니 요정 ㅎ!

그리고 시킨 건 다 먹고 가야죠..

푸짐

아하.. 그럼요!

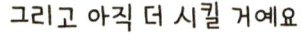

그리고 아직 더 시킬 거예요!

(직진 인생)

... 암요 암요

아리마 온천

어제 유리링과 푸드파이터처럼 먹었더니 몸이 잘 움직이지 않는다..

느릿   느릿

아리마 온천은 코-베 시내에서 30분이면 도착하는 온천 마을이에요. 다양한 일본 전통 료캉은 물론이고 현대식 숙박업소도 있으니, 온천도 들러 여유 있게 즐겨 보세요.

내일은 마야산에 가야 되니까 오늘 온천에서 여유롭게 쉬다 가면 되겠군.

완벽해!

아리마 온천에선 역시 아리마 사이다를 먹어야지.

(뭔가를 상당히 착각한 나)

일본통 日本通 되기!

효고현 兵庫県

1 코-베 시 神戸市

효고 현兵庫県의 코-베 시는 맛과 멋을 동시에 즐길 수 있는 도시예요. 개항 당시 지어진 유럽풍의 고전적인 건물들이 지금의 코-베 거리에 녹아들어 마치 유럽의 작은 마을에 놀러 간 기분을 느끼게 해줘요. 오-사카大阪에서 기차로 한 시간도 걸리지 않는 곳에서 사뭇 다른 느낌의 도시를 만나 볼 수 있다는 매력 때문에 오-사카 근교 여행지로도 좋은 곳이에요. 코-베의 유명 관광지를 소개할게요.

1) 키타노 北野

산노미야三ノ宮 역의 북쪽에 위치한 거리로, 19세기말 코-베에 거주하는 외국인이 고향을 그리워하며, 바다가 보이는 높은 지역에 고국의 양식을 본뜬 건물을 짓고 살았던 지역이에요. 이러한 건물들이 지금까지도 잘 보존되고 있고, 일본의 중요 문화재로 지정되어 있는 건물도 있어요. 입장권이 필요한 건물 내부에는 당시의 생활 도구, 가구, 소품 등의 전시물이 함께 공개되어 있어요. 주변에는 찻집이나 세계 각지의 요리 전문점들이 있으니 함께 즐겨 보세요.

2) 모토마치 元町
もとまち

코-베의 중심이라고 할 수 있는 곳으로, 상점과 식당이 모여 있는 지하상가와 아케이드가 있어요. 고급 브랜드부터 골동품, 고서를 비롯해서 게임 관련 상점까지 다양한 가게들이 구역별로 자리하고 있어요. 인근에는 개항 때 자리 잡은 화교들의 밀집 지역인 차이나타운이 있어서 또 다른 분위기를 자아내고 있어요.

3) 롯코산 六甲山
ろっこうさん

산지 전체가 세토내해瀬戸内海 국립공원으로 코-베의 야경 명소 중 한 곳이에요.
せとないかい

4) 아리마 온천 有馬温泉
<small>ありまおんせん</small>

코-베 시의 온천 마을로, 당일치기로 방문하기에도 좋고 일정이 허락한다면 전통 료캉旅館을 경험하며 하루 묵어 가도 좋은 곳이에요.
<small>りょかん</small>

2 마야산 摩耶山
<small>まややま</small>

등산로로 오를 수도 있지만, 로프웨이, 케이블카, 버스 등을 이용할 수도 있는 산이에요. 정상에 오르면 마치 고원지대의 공원처럼 가꾸어진 모습을 볼 수 있어요. 일정이 허락한다면 일대의 농장이나 목장을 구경하는 것도 좋은 관광 코스예요. 하지만 이곳의 핵심은 정상에 있는 전망대라고 할 수 있답니다.

날씨가 좋으면 오사카까지 보이고, 해가 지면 앞 바다의 여러 인공 섬과 코-베 시의 아름다운 야경을 한눈에 내려다볼 수 있는 전망대예요. 로프웨이 내리

는 곳에는 마야뷰테라스702摩耶ビューテラス702라는 카페 레스토랑이 있
으니, 멋진 야경을 보며 차를 마시면 여행의 피로는 싹 잊게 될 거예요. (계절에
따라 운영 시간 다름)

3 코-베규 神戸牛

코-베 지역에서 기른 소에 대해서만 코-베규라는 이름을 쓸 수 있도록 그 명칭
을 법으로 보호하고 있어요. 그만큼 코-베규는 차원이 다른 소고기라는 평가를
받고 있으며, 그 사육 과정은 비밀에 부치고 있답니다. 소문에 의하면, 곡물과
맥주를 먹이고 정기적으로 마사지를 받게 해준다고 해요. 덕분에 유난히 마블링
이 고르고, 육질이 부드러워요. 코-베규의 가장 일반적인 요리법은 스테이크인
데, 센 불에 겉만 살짝 구워도 순식간에 바삭바삭하게 겉면이 코팅될 만큼 지방
이 균등하게 분포하고 있어요. 그런데도 콜레스테롤은 일반 소고기에 비해 적다
고 하니, 전 세계의 미식가들이 이 소고기를 맛보기 위해 코-베를 찾는다는 말이
농담이 아닌 것 같네요.

4 일본 전통 료칸 旅館

일본 전통 숙박 시설인 료칸은 숙박과 식사를 함께 대접하는 곳이에요. 저녁
식사는 그 지방의 특산물 요리로 차리는데, 대연회장에서 개인 상으로 차려 주

는 경우도 있고 객실에서 편하게 식사를 즐길 수도 있어요. 이때 제공되는 요리를 '카이세키 요리会席料理'라고 불러요. 카이세키 요리는 입으로 먹기 전에 눈으로 먼저 즐기는 요리답게, 코스별로 다채로운 음식을 하나씩 내어 준답니다. 또한 먹는 사람의 식사 속도에 따라 요리 준비 시간을 조절할 정도로 세심한 정성을 다해요.

객실의 각 방에는 유카타浴衣가 준비되어 있어서 료캉 내에서는 유카타 차림으로 다니기도 해요. 침실에 별도의 욕실이 있는 경우도 있고, 공동 목욕탕만 있는 경우도 있어요. 유서 깊은 료캉 중에는, 일본의 유명 작가들이 장기간 머물면서 쓴 소설에 료캉이 그대로 등장한 곳도 있고, 그 방을 잘 보존해서 관광 상품으로 만들기도 했답니다.

아리마 온천 有馬温泉
ありまおんせん

코-베 시의 북쪽에 위치한 아리마 온천은 8세기에 스님에 의해 알려졌다고 하는 일본에서 가장 오래된 온천 중 하나예요. 일본 내에서도 인기 있는 온천으로, 온천 마을 특유의 거리 풍경을 자랑하고 있어요. 온천 거리 주변으로 유서 깊은 료칸들이 줄지어 있고, 먹거리로는 독특한 탄산 느낌의 아리마 사이다, 고로케, 어묵, 만주 등이 있어요. 료칸에 묵지 않아도 입욕이 가능한 온천도 있고, 길거리 족탕은 무료로도 이용이 가능하니 일정이 촉박한 분들도 부담 없이 이용할 수 있어요.

 효고 tip!

'고맙습니다'의 **ありがとう**를 효고에서는 **おおきに** 또는 **ありがとうおます**라고 해요.

일본어정복

1 모레 올라갈 거예요. (1)

<ruby>明後日<rt>あさってのぼ</rt></ruby>登ります。

<ruby>明後日<rt>あさって</rt></ruby>	<ruby>登ります<rt>のぼ</rt></ruby>
모레	올라갈 거예요

 동사의 ます형 사용에 대해 알아볼게요. 일본어의 동사는 미래형이 없어서, 현재형이 미래형을 대신해요. 그래서 '올라갑니다'에 해당하는 동사 登ります는 '올라갑니다/올라갈 겁니다'로 해석할 수 있어요. 다른 문장도 만들어 볼게요.

1) 내일 출발해요/출발할 거예요

<ruby>明日<rt>あした</rt></ruby>、<ruby>出発<rt>しゅっぱつ</rt></ruby>します。

2) 모레 만나요/만날 거예요

<ruby>明後日<rt>あさって</rt></ruby>、<ruby>会<rt>あ</rt></ruby>います。

3) 3년 후에 돌아와요/돌아올 거예요

<ruby>三年後<rt>さんねんご</rt></ruby>に<ruby>戻<rt>もど</rt></ruby>ってきます。

4) 2020년에 개최해요/개최할 거예요

2020<ruby>年<rt>ねん</rt></ruby>、<ruby>開催<rt>さいねん</rt></ruby>します。

2 나는 어제 올라갔어요. (2)

<ruby>私<rt>わたし</rt></ruby>は<ruby>昨日<rt>きのう</rt></ruby><ruby>登<rt>のぼ</rt></ruby>りました。

にあう [니 아우] 어울리다	1	にあいます [니 아이마스]
目立つ [메다쯔] 눈에 띄다	1	目立ちます [메다찌마스]
来る [쿠루] 오다	3	来ます [키마스]
助ける [타스께루] 돕다	2	助けます [타스께마스]
起きる [오끼루] 일어나다	2	起きます [오끼마스]

私は	昨日	登りました
나는	어제	올라갔어요

 이번에는 과거 시제를 만들어 볼게요. 앞서 1강에서 '있습니다'라는 동사 あります의 과거 시제가 ありました라고 배웠어요. 그때 배운 규칙과 똑같아요. 마지막 부분의 ます를 ました로 바꾸면 되는 거예요.

 아, 그럼 '올라갈 거예요'가 登ります이었으니까, 과거 시제로 '올라 갔어요'라고 말하고 싶으면 登りました네요.

登り	ます	올라가요/올라갈 거예요
	ました	올라갔어요

 네, 맞아요. 다른 동사들로도 연습해 볼게요.

歩き	ます	걸어요/걸을 거예요
	ました	걸었어요

転び	ます	넘어져요/넘어질 거예요
	ました	넘어졌어요

動き	ます	움직여요/움직일 거예요
	ました	움직였어요

別れ	ます	헤어져요/헤어질 거예요
	ました	헤어졌어요

ユリリンも一緒に行きませんか?

ユリリンも	一緒に	行きませんか?
유리링도	함께	가지 않을래요?

 이번에는 부정문을 만들어 볼게요. 그리고 그 부정문을 이용해서 권유문까지 만들어 보도록 할게요. 동사의 부정문도 1강에서 배운 '있습니다-없습니다'를 떠올리면 어렵지 않아요. 먼저 '있습니다'는 あります이었고, '없습니다'는 ありません이었잖아요. 즉 동사의 부정문은 ます를 ません으로 바꾸면 되는 거예요.

 아하, 그래서 '갑니다' 行きます의 부정문은 行きません이 되는 거군요.

行き	ます	갑니다
	ません	가지 않습니다

 네 맞아요! 그리고 우리말과 마찬가지로 부정문을 의문문으로 만들면 상대에게 그 행동을 권하는 권유문이 돼요. 예문을 보면 이해가 더 잘될 거예요.

1) 춤추지 않을래요?
踊りませんか?

2) 노래하지 않을래요?
歌いませんか?

3) 응원하지 않을래요?

<ruby>応援<rt>おうえん</rt></ruby>しませんか?

4) 바꾸지 않을래요?

<ruby>変<rt>か</rt></ruby>えませんか?

---

4 **내가 안내할 테니까, 갑시다!** **(4)**

<ruby>私<rt>わたし</rt></ruby>が<ruby>案内<rt>あんない</rt></ruby>しますので、<ruby>行<rt>い</rt></ruby>きましょう!

<ruby>私<rt>わたし</rt></ruby>が	<ruby>案内<rt>あんない</rt></ruby>しますので	<ruby>行<rt>い</rt></ruby>きましょう!
내가	안내할 테니까	갑시다!

 먼저 두 번째 칸의 ので를 볼게요. ので는 '~이므로, ~때문에'라는 의미로 쓸 수 있는 표현이에요.

 그런 표현은 から가 있었잖아요. 이걸 쓰면 안되나요?

 맞아요. 둘을 바꿔 쓸 수도 있지만, 약간의 차이가 있어요. 먼저 정중한 정도의 차이가 있어요. ので를 사용하는 것이 더 부드럽고 정중한 느낌을 준답니다. 그리고 ので는 객관적인 사실이나 자연히 일어나는 일에 대해 쓰고, から는 주관적인 이유일 때 사용해요.

 아하! 좀 더 정중한 느낌을 주는 게 ので군요! 뜻만 같다고 모두 바꿀 수 있는 건 아니네요.

ので 객관적 사실, 자연히 일어나는 일
から 주관적인 이유

ので → 부드럽고 정중한 느낌

맞아요. 다음은 문장의 마지막에 '갑시다'에 해당하는 行きましょう를 볼게요. 行きましょう는 '갑니다'의 行きます에서 변형된 거예요. 마지막 부분의 ます를 ましょう로 바꿔 주면 함께 할 행동을 권유할 때 쓸 수 있는 표현이 된답니다.

行き	ます	갑니다
	ましょう	갑시다

예문을 좀 더 살펴볼게요.

1) 그렇게 합시다

そうしましょう。

2) 내립시다

降りましょう。

3) 열심히 합시다

頑張りましょう。

5 어디에 앉을래요? (5)

どこに座りましょうか?

どこに	座りましょうか?
어디에	앉을래요?

 이번에는 어떤 행동에 대해 정중하게 상대의 의향을 묻는 표현이에요. '앉습니다'에 해당하는 座ります의 ます를 ましょう로 바꾸면서 의문문으로 만들면 돼요. 그럼 '앉을래요?', '앉으실래요?'라는 정중한 표현이 되는 거예요.

그럼 조금 전 4번에서 본 ましょう랑은 뭐가 다른가요?

 그건 이미 결정된 행동에 대해 '하자'고 말하는 것이고, 지금 배운 표현은 상대의 의향을 존중하는 의미를 담고 있어요. 그래서 더 정중한 느낌이 들기도 해요. 만드는 방법은 4번 문장에 か?만 붙이면 돼요. 그럼 예문을 만들어 볼게요.

1) 무엇을 주문할까요?
何を注文しましょうか?

2) 언제까지 기다릴까요?
いつまで待ちましょうか?

3) 누구를 추천할까요?
誰を推薦しましょうか?

6 아직 모르겠어요. (6)

まだ分かりません。

まだ	分かりません
아직	모르겠어요

 이번에는 동사의 부정 표현이에요. 부정문 만드는 방법은 3번에서 알아봤으니, 여기서는 다양한 예문을 살펴보도록 할게요. 마찬가지로 현재형이 미래형을 대신하기도 해요.

1) 절대로 결석하지 않아요/
절대로 결석하지 않을 거예요

ぜったい　けっせき
絶対に欠席しません。

2) 절대로 도망치지 않아요/
절대로 도망치지 않을 거예요

ぜったい　　に
絶対に逃げません。

3) 절대로 잊지 않아요/
절대로 잊지 않을 거예요

ぜったい　わす
絶対に忘れません。

---

7 아니요, 타지 않았어요. (7)

の
いいえ、乗りませんでした。

いいえ	の 乗りませんでした
아니요	타지 않았어요

 이번에는 부정문을 과거 시제로 만들었네요! 이건 이제 알 것 같아요.
부정문 마지막에 でした 만 붙이면 되는 거 맞죠?!

 네, 맞아요. 동사는 모두 같은 규칙이 적용되는 거예요.

の 乗り	ません	타지 않습니다
	ませんでした	타지 않았습니다

좀 더 다양한 예문을 만들어 볼게요.

1) 아무도 나타나지 않았습니다

<ruby>誰<rt>だれ</rt></ruby>も<ruby>現<rt>あらわ</rt></ruby>れませんでした。

2) 어디도 가지 않았습니다

どこも<ruby>行<rt>い</rt></ruby>きませんでした。

3) 무엇도 먹지 않았습니다

<ruby>何<rt>なに</rt></ruby>も<ruby>食<rt>た</rt></ruby>べませんでした。

✏️ 문법정리

동사 ます형의 활용

공부하다	<ruby>勉強<rt>べんきょう</rt></ruby>する
공부합니다/공부할 겁니다	<ruby>勉強<rt>べんきょう</rt></ruby>します
공부했습니다	<ruby>勉強<rt>べんきょう</rt></ruby>しました
공부하지 않습니다/ 공부하지 않을 겁니다	<ruby>勉強<rt>べんきょう</rt></ruby>しません
공부하지 않았습니다	<ruby>勉強<rt>べんきょう</rt></ruby>しませんでした
공부하지 않을래요?	<ruby>勉強<rt>べんきょう</rt></ruby>しませんか?
공부합시다	<ruby>勉強<rt>べんきょう</rt></ruby>しましょう
공부할래요?	<ruby>勉強<rt>べんきょう</rt></ruby>しましょうか?

다음 제시어를 사용하여 문장을 완성하시오.

1) 散歩する 산책하다

산책합니다/ 산책할 겁니다	
산책했습니다	
산책하지 않습니다/ 산책하지 않을 겁니다	
산책하지 않았습니다	
산책하지 않을래요?	
산책합시다	
산책할래요?	

2) レポートを出す 리포트를 내다(제출하다)

리포트를 냅니다/ 리포트를 낼 겁니다	
리포트를 냈습니다	

리포트를 내지 않습니다/ 리포트를 내지 않을 겁니다	
리포트를 내지 않았습니다	
리포트를 내지 않을래요?	
리포트를 냅시다	
리포트를 낼래요?	

3) ネクタイを締める 넥타이를 매다

넥타이를 맵니다/ 넥타이를 맬 겁니다	
넥타이를 맸습니다	
넥타이를 매지 않습니다/ 넥타이를 매지 않을 겁니다	
넥타이를 매지 않았습니다	
넥타이를 매지 않을래요?	
넥타이를 맵시다	
넥타이를 맬래요?	

4) 日本語の勉強をする 일본어 공부를 하다

일본어 공부를 합니다/ 일본어 공부를 할 겁니다	
일본어 공부를 했습니다	
일본어 공부를 하지 않습니다/ 일본어 공부를 하지 않을 겁니다	
일본어 공부를 하지 않았습니다	
일본어 공부를 하지 않을래요?	
일본어 공부를 합시다	
일본어 공부를 할래요?	

5) サッカーの試合を見る 축구 경기를 보다

축구 경기를 봅니다/ 축구 경기를 볼 겁니다	
축구 경기를 봤습니다	
축구 경기를 보지 않습니다/ 축구 경기를 보지 않을 겁니다	

축구 경기를 보지 않았습니다	
축구 경기를 보지 않을래요?	
축구 경기를 봅시다	
축구 경기를 볼래요?	

6) 単語を覚える 단어를 외우다

단어를 외웁니다/ 단어를 외울 겁니다	
단어를 외웠습니다	
단어를 외우지 않습니다/ 단어를 외우지 않을 겁니다	
단어를 외우지 않았습니다	
단어를 외우지 않을래요?	
단어를 외웁시다	
단어를 외울래요?	

7) サラダを作る 샐러드를 만들다

샐러드를 만듭니다/ 샐러드를 만들 겁니다	
샐러드를 만들었습니다	
샐러드를 만들지 않습니다/ 샐러드를 만들지 않을 겁니다	
샐러드를 만들지 않았습니다	
샐러드를 만들지 않을래요?	
샐러드를 만듭시다	
샐러드를 만들래요?	

8) お土産を買う 기념품을 사다

기념품을 삽니다/ 기념품을 살 겁니다	
기념품을 샀습니다	
기념품을 사지 않습니다/ 기념품을 사지 않을 겁니다	

기념품을 사지 않았습니다	
기념품을 사지 않을래요?	
기념품을 삽시다	
기념품을 살래요?	

1) 散歩する[삼뽀 스루] 산책하다

산책합니다/ 산책할 겁니다	散歩します [삼뽀 시마스]
산책했습니다	散歩しました [삼뽀 시마시따]
산책하지 않습니다/ 산책하지 않을 겁니다	散歩しません [삼뽀 시마셍]
산책하지 않았습니다	散歩しませんでした [삼뽀 시마셍데시따]
산책하지 않을래요?	散歩しませんか? [삼뽀 시마셍까?]
산책합시다	散歩しましょう [삼뽀 시마쇼-]
산책할래요?	散歩しましょうか? [삼뽀 시마쇼-까?]

2) レポートを出す[레뽀-또오 다스] 리포트를 내다(제출하다)

리포트를 냅니다/ 리포트를 낼 겁니다	レポートを出します [레뽀-또오 다시마스]
리포트를 냈습니다	レポートを出しました [레뽀-또오 다시마시따]
리포트를 내지 않습니다/ 리포트를 내지 않을 겁니다	レポートを出しません [레뽀-또오 다시마셍]

리포트를 내지 않았습니다	レポートを出^だしませんでした [레뽀-또오 다시마셍데시따]
리포트를 내지 않을래요?	レポートを出^だしませんか? [레뽀-또오 다시마셍까?]
리포트를 냅시다	レポートを出^だしましょう [레뽀-또오 다시마쇼-]
리포트를 낼래요?	レポートを出^だしましょうか? [레뽀-또오 다시마쇼-까?]

3) ネクタイを締^しめる[넥따이오 시메루] 넥타이를 매다

넥타이를 맵니다/ 넥타이를 맬 겁니다	ネクタイを締^しめます [넥따이오 시메마스]
넥타이를 맸습니다	ネクタイを締^しめました [넥따이오 시메마시따]
넥타이를 매지 않습니다/ 넥타이를 매지 않을 겁니다	ネクタイを締^しめません [넥따이오 시메마셍]
넥타이를 매지 않았습니다	ネクタイを締^しめませんでした [넥따이오 시메마셍데시따]
넥타이를 매지 않을래요?	ネクタイを締^しめませんか? [넥따이오 시메마셍까?]
넥타이를 맵시다	ネクタイを締^しめましょう [넥따이오 시메마쇼-]
넥타이를 맬래요?	ネクタイを締^しめましょうか? [넥따이오 시메마쇼-까?]

4) 日本語の勉強をする [니홍고노 벵꾜-오 스루] 일본어 공부를 하다

일본어 공부를 합니다/ 일본어 공부를 할 겁니다	日本語の勉強をします [니홍고노 벵꾜-오 시마스]
일본어 공부를 했습니다	日本語の勉強をしました [니홍고노 벵꾜-오 시마시따]
일본어 공부를 하지 않습니다/ 일본어 공부를 하지 않을 겁니다	日本語の勉強をしません [니홍고노 벵꾜-오 시마셍]
일본어 공부를 하지 않았습니다	日本語の勉強をしませんでした [니홍고노 벵꾜-오 시마셍데시따]
일본어 공부를 하지 않을래요?	日本語の勉強をしませんか？ [니홍고노 벵꾜-오 시마셍까?]
일본어 공부를 합시다	日本語の勉強をしましょう [니홍고노 벵꾜-오 시마쇼-]
일본어 공부를 할래요?	日本語の勉強をしましょうか？ [니홍고노 벵꾜-오 시마쇼-까?]

5) サッカーの試合を見る [삭까-노 시아이오 미루] 축구 경기를 보다

축구 경기를 봅니다/ 축구 경기를 볼 겁니다	サッカーの試合を見ます [삭까-노 시아이오 미마스]
축구 경기를 봤습니다	サッカーの試合を見ました [삭까-노 시아이오 미마시따]
축구 경기를 보지 않습니다/ 축구 경기를 보지 않을 겁니다	サッカーの試合を見ません [삭까-노 시아이오 미마셍]

축구 경기를 보지 않았습니다	サッカーの試合を見ませんでした [삭까-노 시아이오 미마셍데시따]
축구 경기를 보지 않을래요?	サッカーの試合を見ませんか？ [삭까-노 시아이오 미마셍까?]
축구 경기를 봅시다	サッカーの試合を見ましょう [삭까-노 시아이오 미마쇼-]
축구 경기를 볼래요?	サッカーの試合を見ましょうか？ [삭까-노 시아이오 미마쇼-까?]

6) 単語を覚える[탄고오 오보에루] 단어를 외우다

단어를 외웁니다/ 단어를 외울 겁니다	単語を覚えます [탄고오 오보에마스]
단어를 외웠습니다	単語を覚えました [탄고오 오보에마시따]
단어를 외우지 않습니다/ 단어를 외우지 않을 겁니다	単語を覚えません [탄고오 오보에마셍]
단어를 외우지 않았습니다	単語を覚えませんでした [탄고오 오보에마셍데시따]
단어를 외우지 않을래요?	単語を覚えませんか？ [탄고오 오보에마셍까?]
단어를 외웁시다	単語を覚えましょう [탄고오 오보에마쇼-]
단어를 외울래요?	単語を覚えましょうか？ [탄고오 오보에마쇼-까?]

7) サラダを作る [사라다오 츠꾸루] 샐러드를 만들다

샐러드를 만듭니다/ 샐러드를 만들 겁니다	サラダを作ります [사라다오 츠꾸리마스]
샐러드를 만들었습니다	サラダを作りました [사라다오 츠꾸마시따]
샐러드를 만들지 않습니다/ 샐러드를 만들지 않을 겁니다	サラダを作りません [사라다오 츠꾸리마셍]
샐러드를 만들지 않았습니다	サラダを作りませんでした [사라다오 츠꾸리마셍데시따]
샐러드를 만들지 않을래요?	サラダを作りませんか? [사라다오 츠꾸리마셍까?]
샐러드를 만듭시다	サラダを作りましょう [사라다오 츠꾸리마쇼-]
샐러드를 만들래요?	サラダを作りましょうか? [사라다오 츠꾸리마쇼-까?]

8) お土産を買う [오미야게오 카우] 기념품을 사다

기념품을 삽니다/ 기념품을 살 겁니다	お土産を買います [오미야게오 카이마스]
기념품을 샀습니다	お土産を買いました [오미야게오 카이마시따]
기념품을 사지 않습니다/ 기념품을 사지 않을 겁니다	お土産を買いません [오미야게오 카이마셍]

기념품을 사지 않았습니다	お土産を買いませんでした [오미야게오 카이마셍데시따]
기념품을 사지 않을래요?	お土産を買いませんか？ [오미야게오 카이마셍까?]
기념품을 삽시다	お土産を買いましょう [오미야게오 카이마쇼-]
기념품을 살래요?	お土産を買いましょうか？ [오미야게오 카이마쇼-까?]

카가와,
여기가 바로
우동의 정석!

동사 ます형의 활용 2

타카마츠 역

시코쿠하면 역시 우동 현う どん県이라 불리는
카가와 현香川県 ...!

둠

치

그저 우동 하나만을 먹기 위해!!!

수근   음핫하하하   수근

앗 너무 흥분해 버렸군!!! 부끄...

하하 하지만 흥분을 감출 수 없는걸!!!

히
히
히

헤
헤
헤

(단지 우동 때문입니다)

시코쿠는 일본 4개의 큰 섬 중에 가장 작은 섬으로 4개의 현으로
이루어져 있어요. 그중에도 일본 전체에서 가장 작은 현인 카가와 현은
우동이 특산물이에요. 카가와 현 사람들 스스로가 '우동 현'이라고
부를 정도로 우동에 대한 자부심이 대단해요.

음.. 역시 우동 현의 우동은 다르구나..

감

동

이렇게 울면서 낭비할 시간이 없어! 빨리 다른 메뉴도 시켜 봐야지

뜨거운 우동을 먹었으니... 이번엔 자루우동으로!

일본의 우동은 면의 맛을 즐기는 차가운 우동冷やしうどん과
육수와의 조화를 즐길 수 있는 따뜻한 우동温うどん이 있어요.
그 밖에 차가운 면을 따뜻한 육수에 말아 먹는 우동도 있어요.

휴... 이 정도면
에피타이저로 충분해

자 여러분! 다시 출발합니다.
다음 우동 집은 어묵도 참 맛있답니다.

후루루룹! 아 어묵도 시켜야지

자 다음 우동 집은~

음 여긴 카마타마 우동!

자 다음 우동..

타카마츠 시내

하루 종일 우동만
먹었더니..
얼굴이 우동 면처럼
불은 거 같아..

이 붓기를
빼려면...

(어..째서)

이자카야居酒屋에서
가볍게 한잔 해야겠군..

오, 여기는 음료 무한 제공(3)
飲み放題이 2시간에
2000엔밖에 안 하네.

일본의 식당과 이자카야 등에는 음료 무한 제공
시스템飲み放題이 있어요. 일정 시간 동안
정해진 음료를 무제한으로 제공하는
시스템이에요. 그리고 음식을 무제한으로
제공食べ放題하는 시스템도 있어요. 뷔페하고는
조금 다른 개념으로, 앉은 자리에서 주문하면
서빙까지 해주는 시스템이에요.

페리 선착장

통통통통통

음 내 처방이 왠지 잘못된 것 같군

이제 먹는 건 그만하고 뭔가 활동적인 걸 해봐야겠어.

헛된 의지

예술의 섬 나오시마

오잉?

예술하면 또... 나 마구로센세~

와구 와구

(예술적으로 먹는 나)

세토내해瀬戸内海의 많은 섬 중에서 나오시마는 오랫동안 쓰레기와 공장폐기물로 뒤덮여
사람들의 관심 밖에 있던 섬이었어요. 그런 섬을 주민들과 예술가들이 긴 시간 공을
들여 예술의 섬으로 탈바꿈시켰어요. 특히 페리가 도착하는 곳에 전시된 호박은
세계적인 예술가 쿠사마 야요이草間彌生의 작품으로 유명하답니다.

쿠사마 야요이

페리 시간까지는 아직 시간이
좀 남았으니, 자판기 커피라도 한잔
마시면서 기다리기로 해야겠다.(4)

오잉? 자판기에 옥수수 수프라니..
호기심을 자극하는군

..(15분 전)

이제 먹는 건 그만하고 뭔가
활동적인 걸 해봐야겠어.

내 마음속 깊은 곳에서
무슨 소리가 들렸는데..?

기분탓인가?

일본통 日本通 되기!
にほんつう

카가와현 香川県 & 나오시마 直島
かがわけん　　　　　なおしま

1 시코쿠 四国
しこく

　시코쿠는 일본의 4개 주요 섬(北海道, 本州, 四国, 九州) 중에서 가장 작은
ほっかいどう　ほんしゅう　しこく　きゅうしゅう
섬이에요. 이름인 四国는 '4개의 나라'라는 뜻으로, 지금의 현이 4개(香川県,
しこく　　　　　　　　　　　　　　　　　　　　　　　かがわけん
徳島県, 高知県, 愛媛県)인 것에서 유래했다고 해요. 일본 내에서 유일하게 신
とくしまけん　こうちけん　えひめけん
칸센新幹線이 없는 지역이고, 아름다운 자연이 보존되고 있는 곳이에요. 종교,
しんかんせん
예술, 미식, 온천, 자연 그 어느 것 하나 놓치지 않는 시코쿠에서는 시간을 들여
느린 여행을 하기 좋아요.

　특히 '동양의 산티아고'라 불리는 오헨
로お遍路는 88개의 사찰을 순례하기 위
へんろ
해 1,200km에 가까운 길을 걷는 순례 길
로 유명해요. 스페인 산티아고가 기독교
순례 길이라면, 시코쿠 오헨로는 불교의
순례 길이에요. 수행자들은 저마다의 소
망과 기원을 담아 오헨로를 걷는답니다.

2 카가와 현 香川県

가 가 와 켄

일본의 43개 현県 중에서 가장 작은 현인 카가와 현은 애칭으로 우동 현うど

켄

ん県이라고 불릴 정도로 주민들의 우동에 대한 애착과 자부심이 대단해요. 우

동 가게만 해도 900개가 넘으니, '우동 본고장의 맛'이라는 사누키우동さぬき

うどん을 꼭 맛보세요. 우동 이외에도 세토내해瀬戸内海에서 잡히는 신선한

세 토 나 이 카 이

해산물도 유명해요. 세토내해의 섬들을 중심으로 3년에 한 번 '세토우치 국제 예

술제'가 열리고 있어서, 이 기간에는 전 세계에서 관광객들이 찾아오고 있답니다.

그 밖에도 유명한 관광지를 소개할게요.

1) 리츠린공원 栗林公園

리 츠 린 코 우 엔

6개의 연못과 13개의 언덕을 절묘하게 배치한 국가 특별 명승지예요. 봄에는

매화, 여름에는 창포와 연꽃, 가을에는 단풍, 겨울에는 동백꽃까지 계절마다 아

름다운 자연경관을 즐길 수 있어요. 공원 안에는 차를 마시거나 식사를 할 수

있는 곳도 있고, 연못을 느리게 도는 나룻배를 탈 수도 있어요.

2) 타마모공원 玉藻公園

타 마 모 코 우 엔

수성水城인 타카마츠高松 성터를 공원으로 만든 곳이에요. 성 주위의 해자

타 카 마 츠

는 바닷물을 끌어와 만들었고, 북쪽은 세토내해로 연결되어 있어요. 나룻배를

타고 해자를 돌며 성벽을 감상하는 코스도 있답니다.

3) 키타하마아리- 北浜アリー
_{きたはま}

바닷가 근처의 오래된 창고를 개조한 곳에 다양한 상점이 입점해 있는 곳이에요. 서쪽으로 해가 넘어갈 때는, 창 너머로 멋진 노을을 감상할 수 있는 카페도 있어요. 쇼핑을 하거나 차를 마시는 것도 좋지만 느긋하게 산책하기에도 좋아요.

3 카가와 현의 우동

카가와 현의 영혼의 음식, 우동. 카가와 현에는 오직 이 우동만을 위한 여행을 하기 위해 찾아오는 여행객들이 많답니다.

1) 우동 투어

우동을 찾아 떠나는 카가와 현 여행에는 대중교통이 불편하다는 단점이 있어요. 하지만 너무 걱정하지 마세요. 우동 버스와 우동 택시가 우동 여행을 도와줄 거예요.

① 우동 버스

우동 버스는 타카마츠 시내 곳곳에 승강장이 있고, 사누키우동 맛집과 관광지를 돌아볼 수 있는 코스가 준비되어 있어요. 안내원이 우동에 대한 설명도 함께 해주니, 일정에 맞게 반나절 코스 또는 종일 코스로 여행해 보세요.

② 우동 택시

우동 택시는 특정 시험을 통과한 전문적인 우동 지식이 있는 기사가 우동의 역사와 문화, 먹는 방법까지 설명해 준답니다. 빠듯한 시간에 꼭 가보고 싶은 우동 식당이 있다면, 우동 택시를 이용하는 게 좋아요.

2) 다양한 우동 식당

또한, 우동의 본고장답게 우동을 먹을 수 있는 식당 유형도 다양해요.

① 일반 식당

일반적인 우동 식당이에요. 가장 편하게 우동을 만날 수 있어요.

② 셀프 식당

쟁반을 들고 우동을 직접 받아 가는 식당이에요. 조금 번거롭지만 저렴하고 빠르다는 장점이 있어요.

③ 제면소 식당

면 공장의 한 켠에서 우동을 판매하는 식당이에요. 자리도 불편하고 메뉴도 다양하지 않지만, 우동 본고장의 제대로 된 면을 맛볼 수 있어요.

4 우동의 종류

면의 온도나 먹는 방법, 올라가는 고명에 따라서 다양한 종류의 우동이 있어요. 그중에서도 면의 식감과 맛을 제대로 즐기고 싶다면, 차가운 우동을 먹어 보세요. 대중적인 우동 메뉴를 소개할게요.

1 키츠네우동 きつねうどん

유부를 얹은 우동으로 유부의 색깔이 여우 털같이 보여서 붙여진 이름

2 타누키우동 たぬきうどん

튀김 부스러기를 얹은 우동

3 텐푸라우동 天ぷらうどん

튀김을 얹은 우동

4 자루우동 ざるうどん

냉우동 면을 츠유つゆ에 찍어 먹는 우동

5 카케우동 かけうどん

건더기를 넣지 않고 뜨거운 육수에 먹는 우동

6 야키우동 焼きうどん

우동 면을 볶아서 만든 볶음 우동

7 **붓카케우동** ぶっかけうどん

우동 면을 진한 육수에 비벼 먹는 우동

8 **카마아게우동** 釜揚げうどん

면수에 면이 담겨 나오고, 같이 나오는 츠유つゆ에 면을 찍어 먹는 우동

9 **카마타마우동** 釜玉うどん

뜨거운 면에 날달걀과 간장을 함께 비벼 먹는 우동

5 **나오시마** 直島 섬

세토내해의 작고 소박한 섬들은 예술가들과 섬 주민들의 노력으로 '예술의 섬'으로 거듭났어요. 섬 주민들의 생활 속에 녹아 있는 예술을 즐길 수 있는 여러 섬이 있는데, 그중에 대표적인 섬이 나오시마 섬이에요. 나오시마 섬은 티키마츠 항에서 출발하는 페리를 타면 1시간, 고속 페리를 타면 30분이면 도착하는 섬이에요. 섬 내에서는 자전거를 빌릴 수도 있고, 버스도 운행하고 있어요. 크게 세 개 지역으로 나눌 수 있는데, 각 지역의 대표적인 관광지를 소개해드릴게요.

3) 고탄지 琴弾地

　노출 콘크리트를 사용해 섬의 지형을 해치지 않고 지어진 지중미술관地中美術館이 있고, 미술관 안에 있는 지중카페地中カフェ에서는 넓은 창으로 바다를 보며 쉴 수 있어요. 그리고 한국인 예술가 이우환의 이우환 미술관李禹煥美術館과, 쿠사마 야요이의 노란 호박黄かぼちゃ이 이 지역에 있어요. 마지막으로 미술관과 호텔 복합 시설인 베넷세 하우스 뮤지엄ベネッセハウスミュージアム도 자리하고 있답니다.

카가와 tip

　'고맙습니다'의 ありがとう를 카가와에서는 ありがとで라고 해요.

1 우동이 먹고 싶다. ⑴

うどんが食べたい。

うどんが	食べたい
우동이	먹고 싶다

 동사를 사용해서 '동작하고 싶다'라는 표현을 배울게요. 만드는 방법은 동사의 ます형에서 ます자리에 たい를 넣으면 되는 거예요. 이렇게요.

食べ	ます	먹습니다
	たい	먹고 싶다

 오, 간단하네요!

 간단하죠? 그리고 たい를 붙여서 '동작하고 싶다'라고 만들면, 그때부터는 더 이상 동사가 아니라 い형용사예요. 그래서 존댓말로 '동작하고 싶습니다'를 만들고 싶으면 です를 붙이고, 과거 시제로 '동작하고 싶었다'를 만들고 싶으면 い를 빼고 かった를 붙여서 만들어요. 그 밖에도 모두 1권에서 배운 것처럼 い형용사 활용을 적용하면 되는 거예요.

그럼 표로 정리해 볼게요.

食べ	ます		먹습니다
	たい		먹고 싶다, 먹고 싶은

	たい	です	먹고 싶습니다
	た	かった	먹고 싶었다
	た	かったです	먹고 싶었습니다
	た	くない	먹고 싶지 않다, 먹고 싶지 않은
食<ruby>た</ruby>べ	た	くないです	먹고 싶지 않아요
	た	くありません	먹고 싶지 않습니다
	た	くなかった	먹고 싶지 않았다
	た	くなかったです	먹고 싶지 않았어요
	た	くありませんでした	먹고 싶지 않습니다

 오랜만에 만난 い형용사가 반갑네요. 그럼 다른 동사로도 더 보여 주세요!

 네 준비했어요!

お風呂に入り	ます	목욕합니다
	たい	목욕하고 싶다

シャワーを浴び	ます	샤워를 합니다
	たい	샤워를 하고 싶다

歯磨きをし	ます	양치질을 합니다
	たい	양치질을 하고 싶다

ゴロゴロし	ます	빈둥거립니다
	たい	빈둥거리고 싶다

2 만나러 갑시다! (2)

会いに行きましょう!

会いに	行きましょう
만나러	갑시다

 이번에 배울 표현은 '동작하러'라는 표현이에요. 동사의 ます형에서 ます자리에 に를 넣으면 만들 수 있어요.

会い	ます	만납니다
	に	만나러

 그리고 또 한가지! 이렇게 만든 '동작하러'라는 표현은 우리말과 마찬가지로

'동작하러' + 이동에 관련한 동사

가 오는 것이 일반적이에요.

 음, 이동에 관련한 동사라면,

'가다, 오다, 돌아오다, 돌아가다' 뭐 이런 건가요?

 네, 위의 문장으로 예문을 더 만들어 볼게요.

1) 만나러 갑니다
会いに行きます。

2) 만나러 갑니까?
会いに行きますか?

3) 만나러 갔습니다

会いに行きました。

4) 만나러 갔습니까?

会いに行きましたか?

5) 만나러 가지 않습니다

会いに行きません。

6) 만나러 가지 않습니까?/만나러 가지 않을래요?

会いに行きませんか?

7) 만나러 가지 않았습니다

会いに行きませんでした。

8) 만나러 가지 않았습니까?

会いに行きませんでしたか?

 다른 동사로도 연습해 볼게요.

コピーし	ます	복사합니다
	に	복사하러

教え	ます	가르칩니다
	に	가르치러

迎え	ます	마중합니다
	に	마중하러

 習い ^{なら}	ます	배웁니다
	に	배우러

3 음료 무한 제공 (3)

飲み放題
^{の ほうだい}

 이번에는 배우는 표현은 '마음껏 행동함'이라는 명사예요. 동사의 ます형에서 ます자리에 放題^{ほうだい}를 넣으면 만들 수 있어요.

아하, 그래서 음료 무한 제공이 飲み放題^{の ほうだい} 군요.

飲み ^の	ます	마십니다
	放題 ^{ほうだい}	음료 무한 제공

 네 맞아요. 모든 동사를 이렇게 만들지는 않지만, 많이 쓰는 걸로 몇 개 보여 줄게요.

食べ ^た	ます	먹습니다
	放題 ^{ほうだい}	음식 무한 제공

乗り ^の	ます	탑니다
	放題 ^{ほうだい}	무제한 탑승

見 ^み	ます	봅니다
	放題 ^{ほうだい}	무제한 시청

| <ruby>使<rt>つか</rt></ruby>い | ます | 사용합니다 |
| | <ruby>放題<rt>ほうだい</rt></ruby> | 무한제공(스마트폰 데이터 등) |

<ruby>食<rt>た</rt></ruby>べ<ruby>放題<rt>ほうだい</rt></ruby>는 꼭 외워야지!!

4 커피라도 한잔 마시면서 기다리기로 해야겠다. (4)

コーヒーでも一杯<ruby>飲<rt>の</rt></ruby>みながら<ruby>待<rt>ま</rt></ruby>つことにする

コーヒーでも	一杯 <small>いっぱい</small>	飲みながら <small>の</small>	待つこと <small>ま</small>	にする
커피라도	한잔	마시면서	기다리기	로 하다

이번에는 동시에 동작할 때 사용하는 '<u>동작</u>하면서'라는 표현을 만들어 볼게요. 동사의 ます형에서 ます자리에 ながら를 넣으면 돼요.

이번에도 동사의 ます형이네요. ます를 지우고 ながら!

네 맞아요. 그럼 예문도 만들어 볼게요.

| <ruby>比<rt>くら</rt></ruby>べ | ます | 비교합니다 |
| | ながら | 비교하면서 |

| しゃべり | ます | 잡담합니다 |
| | ながら | 잡담하면서 |

| <ruby>洗<rt>あら</rt></ruby>い | ます | 씻습니다 |
| | ながら | 씻으면서 |

1) 미야노우라 항 宮ノ浦港

페리를 내리면 가장 먼저 눈에 들어오는 쿠사마 야요이草間彌生의 빨간 호박赤かぼちゃ이 있어요. 그리고 곳곳에서 재미있는 미술품을 볼 수 있는데 아이러브유(I♥湯)가 대표적이에요. 탕湯을 뜻하는 일본어 발음 '유'를 재치 있게 이용한 것으로, 실제 나오시마 섬 주민들이 이용하는 공중목욕탕이랍니다.

2) 혼무라 本村

안도타다오安藤忠雄의 안도뮤지엄安藤ミュージアム, 여행 정보를 얻을 수 있는 혼무라 라운지 앤 아카이브本村ラウンジ＆アーカイブ, 집 프로젝트家プロジェクト가 있는 곳이에요. 집 프로젝트는 7곳의 신사, 절, 민가를 공간 연출을 통해 작품화해서 섬 주민들과 함께 호흡하고 있어요.

| <ruby>待<rt>ま</rt></ruby>ち | ます | 기다립니다 |
| | ながら | 기다리면서 |

문법정리

동사 ます형의 활용 2

연구**하다**	<ruby>研究<rt>けんきゅう</rt></ruby>する
연구**합니다**	<ruby>研究<rt>けんきゅう</rt></ruby>**します**
연구**하고 싶다**	<ruby>研究<rt>けんきゅう</rt></ruby>**したい**
연구**하러**	<ruby>研究<rt>けんきゅう</rt></ruby>**しに**
연구**하면서**	<ruby>研究<rt>けんきゅう</rt></ruby>**しながら**

연습하기

다음 제시어를 사용하여 문장을 완성하시오.

1) 料理を作る 음식을 만들다
りょうり つく

음식을 만듭**니다**	
음식을 만들**고 싶다**	
음식을 **만들러**	
음식을 만들**면서**	

2) 掃除をする 청소를 하다
そうじ

청소를 **합니다**	
청소를 **하고 싶다**	
청소를 **하러**	
청소를 **하면서**	

3) 音楽を聴く 음악을 듣다

음악을 듣습니다	
음악을 듣고 싶다	
음악을 들으러	
음악을 들으면서	

4) 買い物をする 장을 보다/쇼핑을 하다

쇼핑을 합니다	
쇼핑을 하고 싶다	
쇼핑을 하러	
쇼핑을 하면서	

5) 本を読む 책을 읽다

책을 읽습니다	
책을 읽고 싶다	

책을 읽으러	
책을 읽으면서	

6) 歌を歌う 노래를 부르다

노래를 부릅니다	
노래를 부르고 싶다	
노래를 부르러	
노래를 부르면서	

7) 働く 일하다

일합니다	
일하고 싶다	
일하러	
일하면서	

8) コーヒーを飲む 커피를 마시다

커피를 마십니다	
커피를 마시고 싶다	
커피를 마시러	
커피를 마시면서	

9) 先生と話す 선생님과 이야기하다

선생님과 이야기합니다	
선생님과 이야기하고 싶다	
선생님과 이야기하러	
선생님과 이야기하면서	

10) スマホを使う 스마트폰을 사용하다

스마트폰을 사용합니다	
스마트폰을 사용하고 싶다	

스마트폰을 사용**하러**	
스마트폰을 사용**하면서**	

11) 日本語を習う 일본어를 배우다

일본어를 배**웁니다**	
일본어를 배우**고 싶다**	
일본어를 배우**러**	
일본어를 배우**면서**	

1) 料理を作る[료-리오 츠끄루] 음식을 만들다

음식을 만듭**니다**	りょうり つく 料理を作**ります** [료-리오 츠끄리마스]
음식을 만들**고 싶다**	りょうり つく 料理を作**りたい** [료-리오 츠끄리따이]
음식을 **만들러**	りょうり つく 料理を作**りに** [료-리오 츠끄리니]
음식을 만들**면서**	りょうり つく 料理を作**りながら** [료-리오 츠끄리나가라]

2) 掃除をする[소-지오 스루] 청소를 하다

청소를 **합니다**	そうじ 掃除を**します** [소-지오 시마스]
청소를 **하고 싶다**	そうじ 掃除を**したい** [소-지오 시따이]
청소를 **하러**	そうじ 掃除を**しに** [소-지오 시니]
청소를 **하면서**	そうじ 掃除を**しながら** [소-지오 시나가라]

3) 音楽を聴く [옹가꾸오 키꾸] 음악을 듣다

음악을 듣습니다	音楽を聴きます [옹가꾸오 키끼마스]
음악을 듣고 싶다	音楽を聴きたい [옹가꾸오 키끼따이]
음악을 들으러	音楽を聴きに [옹가꾸오 키끼니]
음악을 들으면서	音楽を聴きながら [옹가꾸오 키끼나가라]

4) 買い物をする [카이모노오 스루] 장을 보다/쇼핑을 하다

쇼핑을 합니다	買い物をします [카이모노오 시마스]
쇼핑을 하고 싶다	買い物をしたい [카이모노오 시따이]
쇼핑을 하러	買い物をしに [카이모노오 시니]
쇼핑을 하면서	買い物をしながら [카이모노오 시나가라]

5) 本を読む [홍오 요무] 책을 읽다

책을 읽습니다	本を読みます [홍오 요미마스]
책을 읽고 싶다	本を読みたい [홍오 요미따이]

책을 읽으러	本を読みに [혼오 요미니]
책을 읽으면서	本を読みながら [혼오 요미나가라]

6) 歌を歌う [우따오 우따우] 노래를 부르다

노래를 부릅니다	歌を歌います [우따오 우따이마스]
노래를 부르고 싶다	歌を歌いたい [우따오 우따이따이]
노래를 부르러	歌を歌いに [우따오 우따이니]
노래를 부르면서	歌を歌いながら [우따오 우따이나가라]

7) 働く [하따라끄] 일하다

일합니다	働きます [하따라끼마스]
일하고 싶다	働きたい [하따라끼따이]
일하러	働きに [하따라끼니]
일하면서	働きながら [하따라끼나가라]

8) コーヒーを飲む[코-히-오 노무] 커피를 마시다

커피를 마십니다	コーヒーを飲みます [코-히-오 노미마스]
커피를 마시고 싶다	コーヒーを飲みたい [코-히-오 노미따이]
커피를 마시러	コーヒーを飲みに [코-히-오 노미니]
커피를 마시면서	コーヒーを飲みながら [코-히-오 노미나가라]

9) 先生と話す[센세-또 하나스] 선생님과 이야기하다

선생님과 이야기합니다	先生と話します [센세-또 하나시마스]
선생님과 이야기하고 싶다	先生と話したい [센세-또 하나시따이]
선생님과 이야기하러	先生と話しに [센세-또 하나시니]
선생님과 이야기하면서	先生と話しながら [센세-또 하나시나가라]

10) スマホを使う[스마호오 카우] 스마트폰을 사용하다

스마트폰을 사용합니다	スマホを使います [스마호오 츠까이마스]
스마트폰을 사용하고 싶다	スマホを使いたい [스마호오 츠까이따이]

스마트폰을 사용**하러**	スマホを<ruby>使<rt>つか</rt></ruby>いに [스마호오 츠까이니]
스마트폰을 사용**하면서**	スマホを<ruby>使<rt>つか</rt></ruby>いながら [스마호오 츠까이나가라]

11) <ruby>日本語<rt>にほんご</rt></ruby>を<ruby>習<rt>なら</rt></ruby>う[니홍고오 나라우] 일본어를 배우다

일본어를 배**웁니다**	<ruby>日本語<rt>にほんご</rt></ruby>を<ruby>習<rt>なら</rt></ruby>います [니홍고오 나라이마스]
일본어를 배**우고 싶다**	<ruby>日本語<rt>にほんご</rt></ruby>を<ruby>習<rt>なら</rt></ruby>いたい [니홍고오 나라이따이]
일본어를 배**우러**	<ruby>日本語<rt>にほんご</rt></ruby>を<ruby>習<rt>なら</rt></ruby>いに [니홍고오 나라이니]
일본어를 배**우면서**	<ruby>日本語<rt>にほんご</rt></ruby>を<ruby>習<rt>なら</rt></ruby>いながら [니홍고오 나라이나가라]

일본 속 작은 유럽 나가사키

동사 ます형의 활용3

나가사키 칸코ー도ー리

아침을 과하게 먹었나.. 속이 답답해

그래? 속이 답답하면 약을..

그러니 속 시원한~ 짬뽕 집으로 가보자굿!! 히히

답
정
너

꺄랄깔라라

왠지 내 속이 답답해진다..

큐ー슈ー 나가사키 현長崎県의 나가사키 시長崎市는 일본의 가장 서쪽에 있는
항구도시로 일본 최초로 문호를 개방한 항구가 있는 곳이에요.
가까운 중국은 물론이고, 유럽 각국의 문화가 융합되어 독특한 먹거리와 거리 풍경을
자아내고 있는 곳이 많아요.

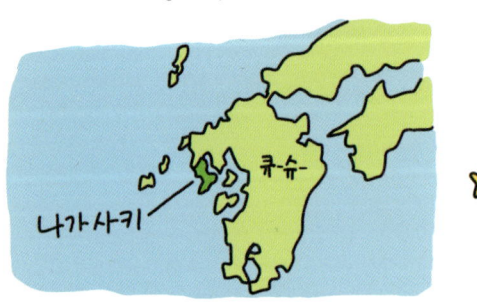

큐ー슈ー

나가사키

앗 저기다! 아, 근데 줄이 심하게 길다.(1)

워워~ 진정하라구 이 정도 줄은 예상했어..

아마추어 같이 훗!

저 뒤에 더 있는 것 같은데..?

워워... 진정해... 마구로야.. 난 할 수 있어...!

(아마추어보다 살짝 위)

좀비인가..?

빨리.. 줄을.. 줄을 서야 해..

나가사키의 짬뽕은 화교들이 전파한 음식으로, 돼지고기 또는 닭고기로 낸 육수에 다양한 채소와 신선한 해산물로 맛을 낸 진한 국물의 면 요리예요. 우리나라에서는 한국인의 입맛에 맞추어 맵게 진화한 빨간 짬뽕이 일반적이지만, 일본에서는 짬뽕 하면 하얀 국물의 면 요리를 떠올린답니다.

웬일이지..

근처에서 토루코라이스トルコライス로 2차를 갈 거거든!

아… 마구로센세는 언제나 너무 과하게 먹어!(3)

'소식' 이라는 단어는 모르나?

응 그런 단어는 옹알이할 때도 쓰지 않았는걸?

곱빼기

리필

1일6식

하… 오늘도 과식(4) 인가..

하하 쑥스럽네..

터키인들의 케밥 담음새에서 전해졌다고 하는 토루코라이스는 접시 하나에 돈카츠, 볶음밥, 파스타를 담은 가성비 좋은 한 끼 식사예요.

앗 토루코라이스 가게 줄이 또 우동 면발 길이만큼.....

두 번은 안 돼... 그랬다간
내 인내심이 쫄쫄 굶는다구..

쫄쪼리~

배가 굶겠지...

카스텔라 가게, 분메이도

혹시 몰라서 카스텔라 가게를
알아 두다니...감동

마구로센세의 여자친구라면
이 정도 쯤이야...
(사실 내가 너무 먹고 싶었..)

카스텔라는 포르투갈인에 의해 전해진
제빵 기술에 일본인 특유의 장인 정신이
더해져 만들어진 빵이에요.

여기가 바로 200년 넘게
카스텔라カステラ를 만든 곳이래.

아앙

맛있쪄

200년???

200인분???

은근슬쩍 200인분 얘기하지 마

데지마

오호! 여긴 옛날 그대로 재현한 곳인가봐!

데지마出島는 1634년에 조성된 인공섬으로 당시 무역을 위해 상주하는 포르투갈인들의 구역이었고, 그 후로 네덜란드인들이 사용하기도 했어요.

많이 먹었으니 좀 멀리 걸어 볼까?

흠칫!

에구구

다리가 아파서 그런데... 업어 줄래? 너무 많이 먹었더니 무릎이..

구급차에 실려 가는 건 어때?

쭈굴

자 업어 줄게, 가자아!!!

오버는 하지 말구..

헉헉.. 역시 옆구리가.. 오동통한 만두같아...배 아파..

꿀렁 꿀렁

만두 녀석.. 그렇다면 선택권을 주겠어.

헉헉...

빵끗!

해질녘 풍경이 유명한
데지마 와ー흐出島ワーフ

데지마 와ー흐는
데지마 인근의 바닷가에
만들어진 상업 시설로
나무 바닥으로 만든
길이 멋진 곳이에요.

오란다는 네덜란드를
뜻하는 말로
포르투갈인들에 의해서
전해졌다고 해요.

Holland

홀란드 ➡ 오란다

이국적인 건물과 현대의 일본이
조화롭게 어우러진 오란다자카オランダ坂

내려다보는 전경이 아름다운 구라바- 정원グラバー園!

정원??? 정원은 가만히 앉아 있으면 되겠지??

그러면 정원으루~!!!

괜찮겠어? 제대로 들은 거 맞지?

그러엄!

이 정원은 언덕 위에 있어서 '내려다'보는 나가사키 항長崎港의 풍경이 정말 좋거든.

언덕!

언덕.. 아뿔싸!!!!

함정에 걸렸군

하지만 엘리베이터 시설인 구라바- 스카이로드グラバースカイロード를 이용하면, 편하게 올라갈 수 있긴 해.. 왠지 아쉽...

오예~~ 까불 까불

시민 복지 시설인
구라바— 스카이로드는
일반 관광객들도 무료로
이용할 수 있어요!

꺄르르

공짜

구라바— 정원

냠 냠

고새를
못 참고..

와 이 젤리 진짜 먹기 좋다.(5)
하긴, 내가 먹기 힘들다(6)고 생각해
본 적은 없지만.. (정곡)

갑
분
젤

배불러서 무릎이 아프다면서... 또 먹네

앙!

자~! 우리 몸은 소화라는 것을
하는데 말이지 음식이 식도로
내려가서 위에 도착하면..

바둥
바둥

어 저기 사자상! 기린맥주キリンビール 로고의 모델이 이 사자상이래!

오호! 내가 제일 좋아하는 맥주야!

기린 로고의 비밀을 알려 줄까?

솔깃!

로고에는 가타카나로 '기린キリン'이라는 글자가 숨어 있어.

진짜야? 그것 참 못 믿겠는걸?

어색 어색

갑자기 왜 연기 톤이지..

증거가 필요해!! 빨리 맥주를 사러 가자!

맥주! 맥주!

이성을 잃었군..

구라바- 정원은 일본의 중요 문화재로 지정된 곳으로 무역업자 '토마스 글로버'의 집이 있던 곳이에요.

동상도 있어요.

일본통 日本通 되기!

나가사키 현 長崎県

1 나가사키 현長崎県의 나가사키 시 長崎市

일본의 가장 서쪽에 위치한 항구인 나가사키 항이 있는 나가사키 시는 1571년부터 포르투갈과 무역을 시작했어요. 그 밖에 영국, 네덜란드, 스페인과도 교역을 하며 일본의 쇄국시대에도 유일하게 무역을 이어 갔던 항구로서 유럽의 문화를 받아들이는 창구 역할을 했어요. 일본의 국보인 오우라 천주당과 천주교 순교지, 네덜란드 상관商館 등의 유적지가 있고, 1977년 국제 관광 문화 도시로 지정된 일본의 대표적인 관광지예요. 또한 전국의 주요 도시에서 모인 다양한 노면전차가 다니는 것을 구경하는 것도 이 도시의 숨겨진 재미예요.

그 밖에 다른 관광지를 소개할게요.

1) 데지마 出島

데지마는 개항 당시 외국인과 일반인의 접촉을 제한했던 일본 정부의 정책으로 만들어진 외국인 거류 지역이었어요. 포르투갈과 네덜란드의 상인들이 머무르면서 일본인들과 교역했던 이 지역은 원래 바다를 메워서 만든 인공 섬이었는  데, 점점 시가지를 확장하면서 육지에 편입되어 인공 섬의 모습은 사라졌어요. 지금은 당시의 모습을 복원해서 작은 테마파크의 모습을 하고 있답니다.

2) 데지마 와-흐 出島ワーフ

데지마 복원 사업의 일환으로 조성된 복합 상업 시설로 데지마에서 가까운 바닷가에 위치하고 있어요. 150m에 달하는 나무 바닥으로 이어진 길이 있고, 다양한 노천카페와 레스토랑이 늘어서 있어요. 해질녘의 아름다운 나가사키의 풍경을 즐기고 싶다면 이곳에 들러 보는 것도 좋아요.

3) 오란다자카 オランダ坂

오란다자카의 '오란다'는 네덜란드를 뜻해요. 사실 이곳은 외국인 거주 지역이지만, 개항 당시 일본인에게 '서양 문명=네덜란드 문명'이라는 인식이 있었기 때문에 이런 이름이 붙여졌어요. 유럽식 벽돌 타일이 깔린 언덕 주변에는 영사관 등으로 이용되던 오래된 이국적인 건물이 자리하고 있어요.

4) 구라바- 정원 グラバー園

메이지유신 이후 일본 중공업화에 기여한 토마스 앨버트 글로버 등 외국인 기술 고문들의 공관들을 공원화한 곳이에요. 미나미야테 언덕에 위치해 있어서 아름다운 정원에서 내려다보는 나가사키 항이 절경이에요. 나가사키가 배경인 오페라 '나비부인'의 히로인 미우라 타마키三浦環의 동상과, 기린맥주 로고의 모델인 전설의 동물 사자상도 이곳에서 볼 수 있어요.

5) 구라바- 스카이로드 グラバースカイロード

우리나라의 부산과도 곧잘 비교될 정도로 비슷한 지형인 나가사키에는 언덕과 산이 많아요. 그래서 경사가 심한 곳에 사는 주민들을 위한 편의 시설로 사행斜行 엘리베이터와 수직垂直 엘리베이터가 설치되어 있답니다. 관광객들도 자유롭게 이용할 수 있으니, 동선에 따라 이용해 보세요.

2 나가사키 짬뽕 長崎ちゃんぽん

나가사키 짬뽕은 나가사키의 화교들이 중국 유학생들에게 저렴하면서도 푸짐한 요리를 제공하기 위해 고안된 요리라고 알려져 있어요. 면은 우동 면과 라멘 면의 중간 정도 굵기예요. 국물의 베이스는 돼지 뼈와 닭고기로 우려 낸 육수를 쓰고, 색이 옅은 나가사키 간장長崎醬油으로 간을 해요. 고명으로는 각종 채소와 해산물 등이 올라가고, 완성된 짬뽕은 돈부리바치에 담아서 푸짐하게 나와요. 먹을 때는 취향에 따라 후추나 고추기름을 가미해서 먹으면 더 맛있어요!

3 토루코라이스 トルコライス

토루코라이스의 '토루코'는 터키를 의미하는 단어로, 터키 케밥의 재료인 고기, 채소, 밥이 한 접시에 담긴 데서 유래한 음식이라고 해요. 나가사키의 토루코라이스에는 돈카츠, 볶음밥, 파스타가 올라가요. 그 밖에도 다양한 응용으로 함박스테이크, 치킨카츠, 생선튀김 등이 올라가는 메뉴도 있어요. 이것저것 다 주는 '모둠' 같은 느낌의 음식으로, 다국적 문화가 접목된 나가사키의 정체성을 대변하는 음식이라는 느낌이 들기도 해요.

4 카스텔라 カステラ

포르투갈 상인들이 가져온 스페인 카스티야 지방의 빵을 현지화한 것이에요. 오리지널 카스텔라 이외에도 녹차, 초콜렛 등 다양한 맛으로 응용되고 있어요. 그리고 소프트 아이스크림이나 푸딩 등 다른 형태로 만들기도 한답니다. 나가사키의 대표적인 카스텔라 상점은 분메이도-文明堂, 쇼-오-켄松翁軒, 후쿠사야福砂屋 등이 있고, 그 밖에도 10여 곳의 전문 브랜드가 있어요.

5 기린맥주キリンビール의 로고

기린맥주의 로고를 잘 살펴보면, 털 부분에 '기린'에 해당하는 가타카나 キリン이 숨어 있답니다!

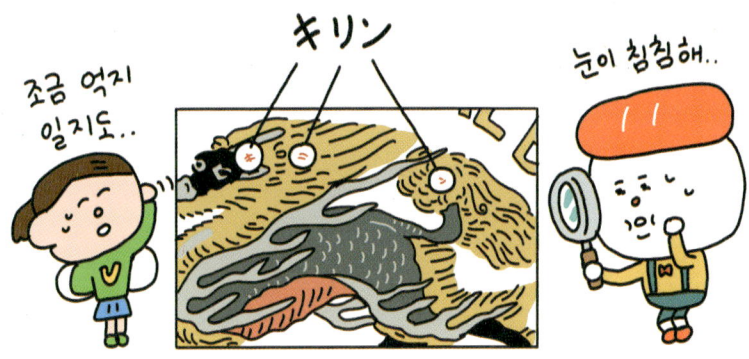

나가사키 tip!

'고맙습니다'의 ありがとう를 나가사키에서는 ありがとうござす라고 해요

1 근데 줄이 심하게 길다. (1)

ところで、列が長すぎるよ。

ところで	列が	長すぎるよ
근데	줄이	심하게 길다

 형용사 '길다' 長い를 사용해서 '지나치게 길다', '너무 길다'라는 표현을 만들어 볼게요. い형용사의 특징인 마지막 글자 い를 지우고 그 자리에 '지나치다'라는 2그룹 동사 すぎる를 붙이면 돼요. 이렇게 하면, 형용사에서 동사로 변신하는 거예요!

	い	길다
長	すぎる	지나치게 길다, 길이가 지나치다

 오, 이것도 간단한데요?

 그렇죠? 자, 이제부터는 동사니까 존댓말로 '지나치게 깁니다'를 만들고 싶으면 ます형으로 바꾸면 되는 거예요. 그 밖에도 과거 시제로 사용할 수도 있고, 지금까지 배웠던 동사의 활용법을 사용해서 다양한 활용이 가능해요. 표로 정리해 볼게요.

	い		길다
長	すぎる		지나치게 길다
	すぎ	ます	지나치게 깁니다
	すぎ	ました	지나치게 길었습니다

아하! 동사의 활용을 적용하면 간단하게 여러 가지 표현이 가능해지네요!

 네, 그럼 다른 い형용사를 사용해서 더 많은 예시를 연습해 볼게요.

高 _{たか}	い	비싸다, 높다
	すぎる	지나치게 비싸다, 지나치게 높다
狭い _{せま}	い	좁다
	すぎる	지나치게 좁다
重い _{おも}	い	무겁다
	すぎる	지나치게 무겁다
遠い _{とお}	い	멀다
	すぎる	지나치게 멀다

2 아니, 상당히 과하게 충분해! (2)

いや、十分すぎる!
_{じゅうぶん}

いや	十分すぎる _{じゅうぶん}
아니	상당히 과하게 충분해

 이번에는 な형용사를 사용해서 '지나치게 형용사하다'를 만들어 볼게요. 이번에는 な형용사이므로 기본형의 마지막 글자가 だ가 되겠죠. だ를 지우고 그 자리에 すぎる를 넣으면 완성!

| 十分
_{じゅうぶん} | だ | 충분하다 |
| | すぎる | 지나치게 충분하다 |

그럼, 이번에도 동사로 변한 거네요.

 그렇죠! 다른 な 형용사로 연습해 볼게요.

ふくざつ 複雑	だ	복잡하다
	すぎる	지나치게 복잡하다
はで 派手	だ	화려하다
	すぎる	지나치게 화려하다
じゅうぶん 十分	だ	한가하다
	すぎる	지나치게 한가하다
すなお 素直	だ	솔직하다
	すぎる	지나치게 솔직하다

3 언제나 너무 과하게 먹어! (3)

いつも食(た)べすぎるよ!

いつも	食(た)べすぎるよ
언제나	너무 과하게 먹어

 이번에 배우는 표현은 '동작을 지나치게 하다'라는 표현이에요. 동사는 ます형에서 ます자리에 すぎる를 넣으면 만들 수 있어요.

 아하, 그럼 우선 동사를 ます형으로 만든 다음에, すぎる를 붙이는 순서로 가는 거네요.

| 食(た)べ | ます | 먹습니다 |
| | すぎる | 지나치게 먹는다 |

네 맞아요. 다른 동사로도 만들어 볼게요!

^の飲み	ます	마십니다
	すぎる	지나치게 마시다
^か買い	ます	삽니다
	すぎる	지나치게 사다
^{はたら}働き	ます	일합니다
	すぎる	지나치게 일하다
^{つか}使い	ます	사용합니다
	すぎる	지나치게 사용하다

4 과식 (4)

^た食べすぎ

 방금 3번에서 배운 食^たべすぎる의 ます형에서 ます를 삭제하면,
명사형을 만들 수 있어요.

	すぎる		지나치게 먹는다
食^たべ	すぎ	ます	지나치게 먹습니다
	すぎ		지나치게 먹음, 과식

그래서 과식은 食^たべすぎ라고 할 수 있어요.

 그럼 1, 2, 3번의 다른 '+ すぎる' 단어들도 이렇게 명사로 만들 수
있겠네요!

 맞아요. 3번의 예시 단어들로 만들어 볼게요.

飲 の み	すぎる		지나치게 마신다
	すぎ	ます	지나치게 마십니다
	すぎ		지나치게 마심, 과음
買 か い	すぎる		지나치게 산다
	すぎ	ます	지나치게 삽니다
	すぎ		지나치게 삼, 과소비
働 はたら き	すぎる		지나치게 일한다
	すぎ	ます	지나치게 일합니다
	すぎ		지나치게 일함, 과로
使 つか い	すぎる		지나치게 사용하다
	すぎ	ます	지나치게 사용합니다
	すぎ		지나치게 사용함, 과용

5 진짜 먹기 좋다. (5)

本当_{ほんとう}に食_たべやすいね。

本当_{ほんとう}に食_たべやすいね。

本当に ほんとう	食べやすいね た
진짜	먹기 좋다

형용사 やすい를 사용해서 '동작하기 편하다', '동작하기 좋다'를 만들어 볼게요. 먼저 동사의 ます형을 만들고 ます자리에 やすい를 넣으면 돼요.

食べ た	ます	먹습니다
	やすい	먹기 편하다, 먹기 좋다

그럼 이번에는 동사가 형용사가 되는 거군요! 존댓말을 만들고 싶으면 です를 붙여서 食べやすいです라고 하면 되겠네요.

 네 맞아요. 표로 정리해 볼게요.

食べ	ます		먹습니다
	やすい		먹기 편하다, 먹기 편한
	やすい	です	먹기 편합니다
	やす	かった	먹기 편했다
	やす	かったです	먹기 편했어요
	やす	くない	먹기 편하지 않다, 먹기 편하지 않은
	やす	くないです	먹기 편하지 않아요
	やす	くありません	먹기 편하지 않습니다
	やす	くなかった	먹기 편하지 않았다
	やす	くなかったです	먹기 편하지 않았어요
	やす	くありませんでした	먹기 편하지 않습니다

 다른 동사로 예문을 더 만들어 볼게요.

運転し	ます	운전합니다
	やすい	운전하기 편하다, 운전하기 좋다

履き	ます	신습니다
	やすい	신기 편하다, 신기 좋다

読み	ます	읽습니다
	やすい	읽기 편하다, 읽기 좋다

| <ruby>書<rt>か</rt></ruby>き | ます | 씁니다, 적습니다 |
| | やすい | 쓰기 편하다, 쓰기 좋다 |

6 먹기 힘들다 ⑹

<ruby>食<rt>た</rt></ruby>べ にくい。

이번에는 방금 5번에서 배운 것과 반대말인 '동작하기 불편하다', '동작하기 힘들다'에 해당하는 표현이에요. 마찬가지로 먼저 동사의 ます형을 만들고, ます 자리에 이번에는 にくい를 넣으면 돼요. 역시 형용사로 변신하겠죠!

| <ruby>食<rt>た</rt></ruby>べ | ます | 먹습니다 |
| | にくい | 먹기 불편하다, 먹기 힘들다 |

다른 예문도 반대말로 만들어 볼게요.

| <ruby>運転<rt>うんてん</rt></ruby>し | ます | 운전합니다 |
| | にくい | 운전하기 불편하다,
운전하기 힘들다 |

| <ruby>履<rt>は</rt></ruby>き | ます | 신습니다 |
| | にくい | 신기 불편하다, 신기 힘들다 |

| <ruby>読<rt>よ</rt></ruby>み | ます | 읽습니다 |
| | にくい | 읽기 불편하다, 읽기 힘들다 |

| <ruby>書<rt>か</rt></ruby>き | ます | 씁니다, 적습니다 |
| | にくい | 쓰기 불편하다, 쓰기 힘들다 |

문법정리

----

1) 동사 ます형의 활용

고르다	選ぶ えら
고릅니다	選びます えら
지나치게 고르다	選びすぎる えら
지나치게 고름	選びすぎ えら
고르기 쉽다	選びやすい えら
고르기 어렵다	選びにくい えら

2) い형용사의 활용

춥다	寒い さむ
지나치게 춥다	寒すぎる さむ
지나치게 추움	寒すぎ さむ

3) な형용사의 활용

간단하다	簡単だ かんたん
지나치게 간단하다	簡単すぎる かんたん
지나치게 간단함	簡単すぎ かんたん

연습하기

다음 제시어를 사용하여 문장을 완성하시오.

[동사]

1) 仕事する 일하다

일합니다	
지나치게 일하다 (과로하다)	
지나치게 일함 (과로)	
일하기 편하다	
일하기 불편하다	

2) 飲む 마시다

마십니다	
지나치게 마시다 (과음하다)	

지나치게 마심(과음)	
마시기 편하다	
마시기 불편하다	

3) 食べる 먹다

먹습니다	
지나치게 먹다(과식하다)	
지나치게 먹음(과식)	
먹기 편하다	
먹기 불편하다	

4) 使う 사용하다
_{つか}

사용**합니다**	
지나치게 사용하다	
지나치게 사용함	
사용하기 **편하다**	
사용하기 **불편하다**	

[이형용사]

1) 辛い 맵다
_{から}

지나치게 맵다	
지나치게 매움	

2) 寒い 춥다

지나치게 춥다	
지나치게 추움	

3) 暑い 덥다

지나치게 맵다	
지나치게 매움	

4) 高い 비싸다, 높다

지나치게 비싸다, 지나치게 높다	
지나치게 비쌈, 지나치게 높음	

5) 低い 낮다
^{ひく}

지나치게 낮다	
지나치게 낮음	

[나형용사]

1) 静かだ 조용하다
^{しず}

지나치게 조용하다	
지나치게 조용함	

2) 不便だ 불편하다
^{ふべん}

지나치게 불편하다	
지나치게 불편함	

3) 真面目(まじめ)だ 성실하다

지나치게 성실하다 (고지식하다)	
지나치게 성실함 (고지식함)	

4) 下手(へた)だ 서투르다

지나치게 서투르다	
지나치게 서투름	

5) 地味(じみ)だ 소박하다

지나치게 소박하다	
지나치게 소박함	

다음 제시어를 사용하여 문장을 완성하시오.

[동사]

1) 仕事する[시고또 스루] 일하다

일합니다	仕事します [시고또 시마스]
지나치게 일하다 (과로하다)	仕事しすぎる [시고또 시스기루]
지나치게 일함 (과로)	仕事しすぎ [시고또 시스기]
일하기 편하다	仕事しやすい [시고또 시야스이]
일하기 불편하다	仕事しにくい [시고또 시니꾸이]

2) 飲む[노무] 마시다

마십니다	飲みます [노미마스]
지나치게 마시다 (과음하다)	飲みすぎる [노미 스기루]

지나치게 마심(과음)	飲みすぎ [노미 스기]
마시기 편하다	飲みやすい [노미 야스이]
마시기 불편하다	飲みにくい [노미 니꾸이]

3) 食べる[타베루] 먹다

먹습니다	食べます [타베마스]
지나치게 먹다(과식하다)	食べすぎる [타베 스기루]
지나치게 먹음(과식)	食べすぎ [타베 스기]
먹기 편하다	食べやすい [타베 야스이]
먹기 불편하다	食べにくい [타베 니끄이]

4) 使う[츠까우] 사용하다

사용합니다	使います [츠까이마스]

지나치게 사용하다	使^{つか}いすぎる [츠까이 스기루]
지나치게 사용함	使^{つか}いすぎ [츠까이 스기]
사용하기 편하다	使^{つか}いやすい [츠까이 야스이]
사용하기 불편하다	使^{つか}いにくい [츠까이 니꾸이]

[이형용사]

1) 辛^{から}い[카라이] 맵다

지나치게 맵다	辛^{から}すぎる [카라 스기루]
지나치게 매움	辛^{から}すぎ [카라 스기]

2) 寒^{さむ}い[사무이] 춥다

지나치게 춥다	寒^{さむ}すぎる [사무 스기루]
지나치게 추움	寒^{さむ}すぎ [사무 스기]

3) 暑い[아쯔이] 덥다

지나치게 맵다	暑すぎる [아쯔 스기루]
지나치게 매움	暑すぎ [아쯔 스기]

4) 高い[타카이] 비싸다, 높다

지나치게 비싸다, 지나치게 높다	高すぎる [타카 스기루]
지나치게 비쌈, 지나치게 높음	高すぎ [타카 스기]

5) 低い[히끄이] 낮다

지나치게 낮다	低すぎる [히끄 스기루]
지나치게 낮음	低すぎ [히끄 스기]

[나형용사]

1) 静かだ[시즈까다] 조용하다

지나치게 조용하다	静かすぎる [시즈까 스기루]
지나치게 조용함	静かすぎ [시즈까 스기]

2) 不便だ[후벤다] 불편하다

지나치게 불편하다	不便すぎる [후벤 스기루]
지나치게 불편함	不便すぎ [후벤 스기]

3) 真面目だ[마지메다] 성실하다

지나치게 성실하다 (고지식하다)	真面目すぎる [마지메 스기루]
지나치게 성실함 (고지식함)	真面目すぎ [마지메 스기]

4) 下手だ[헤타다] 서투르다

지나치게 서투르다	下手すぎる [헤타 스기루]
지나치게 서투름	下手すぎ [헤타 스기]

5) 地味だ[지미다] 소박하다

지나치게 소박하다	地味すぎる [지미 스기루]
지나치게 소박함	地味すぎ [지미 스기]

두 시간 비행으로
만나는 황홀한
휴양지 오키나와

な형용사의 부사적 용법,
い형용사의 부사적 용법

오키나와 58번 해안 도로

드르를르르르렁렁렁~~!

우와 경치 좀 봐~~ 정말 처음 보는 바다 색이야

우루루쾅쾅! 드르르렁렁렁~~!

우와 저기 아이스크림 좀 봐! 정말 처음 보는 아이스크림 색이야

어디어디!!!! 어디야!!! 그런 색의 아이스크림이!!!

와 오키나와 바다 색 좀 봐~
정말 보면 볼 수록 행복해진다.(1)

오키나와 현沖縄県은 일본 최남단에 위치한 현으로 바다 색과 하늘 색이
그림같이 예뻐서 '아시아의 하와이'라고도 불리는 곳이에요. 겨울에도 춥지 않아서
사계절 휴양지로 사랑받고 있답니다. (태풍 계절은 피하는 게 좋아요)

블루씰 아이스크림

아이스크림 가게는 정말 그냥
넘어간 적이 없구나..

낼름
낼름

나도 그 방법을 알고 싶다.. 아이스크림 가게를 담 넘듯이 넘어가는 방법을..

진지한척

호옥!

아이스크림

하지만 여기는 오키나와만의 특별한 아이스크림이라구!

BLUE SEAL

오키나와 블루씰 아이스크림은 날씨가 더운 오키나와에겐 영혼의 아이스크림 같은 브랜드예요. 특별한 맛을 자랑한다기보다는 오키나와의 상징 같은 아이스크림이라고 할 수 있어요.

BLUE SEAL

Since 1948

슈리성

여기가 오키나와의 그 유명한 성, 슈리성이구나!

근데 여기도 저기도
온통 빨간색이라서..

부담 부담

내 머리까지 빨개 보이는데?

무서워..

니 머리는 원래 빨간색이
었던 것 같은데..

아이쿳! 내 정신 좀 봐!

킁

꿔척 꿔척

빨간색은 아무래도 중국의 영향을 많이
받아서 그런 게 아닐까?
거리도 꽤 가깝단 말이지.

지금의 오키나와는 일본이 되기 전, 류－큐－라는 왕국이었어요.
일본보다 중국과의 교류가 더 활발했다는 기록이 있으며, 아직까지도
중국의 문화와 풍습이 많이 남아 있어요.

일본

중국

오키나와

대만

오키나와 하면 사실 츄라우미 수족관인데 말이지..

고래상어와 정어리 무리가 헤엄치는 그 풍경!!

츄라우미 수족관은 오키나와 바다의 근해부터 심해까지 다양한 생태계를 체험할 수 있는 수족관이에요. 10m가 넘는 크기의 고래상어를 시작으로 다양한 해양 생물을 마치 바닷속에서 보는 듯한 생동감을 느낄 수 있는 곳이에요.

저번에 수족관은 가봤으 니까.. 이번엔 다른 걸 해보자

그래그래! 뭐 할까? 일광욕? 산책? 먹보?

바로 케라마 제도慶良間諸島에서 스쿠버다이빙을 할 거야.

초급자라... 그럼 난 초급자 중에서도 어린이, 아니 영유아 코스로 부탁해..

케라마 제도는 '케라마블루'라는 이름으로 불릴 만큼 독보적인 바다 색과 푸른 산호초, 다양한 바다 생물을 볼 수 있는 세계적인 다이빙 지역이에요.

끝나고 스테이크 어때?
오키나와의 이시가키소石垣牛 스테이크는
고기 본연의 맛을 살린…

(어둠 속에서 한 줄기
빛을 본 사람)

좋았어!!!!!!!!!!!!
지금 배 밖으로 뛰어내리면 되니?

그럼 영영 못 봐..

이시가키소는
오키나와 남부의 이시가키 섬
일대에서 사육하는 흑소
브랜드예요. 스테이크로 먹을 때
가장 맛있는 최고 등급 소고기예요.

너무 걱정하지 마.
생각보다 재밌대.

무사히 살아서
스테이크 꼭 먹을 거야..

1 오키나와 현 沖縄県

　지도에서 오키나와 현을 찾아 보면 오히려 대만 근처에서 찾는 것이 빠를 만큼 남쪽에 위치해 있어요. 19세기 메이지明治 정부에 의해 일본에 강제로 편입되기 전까지는 류-큐-라는 독립 왕국으로 중국과의 교류도 활발했던 곳이에요.

　그 후 미국령에 속한 아픈 역사도 있지만, 지금은 일본이 자랑하는 명실상부 일본의 가장 아름다운 휴양지가 되었답니다. 아시아는 물론이고 전 세계의 관광객들이 몰려드는 곳이에요. 오키나와의 자랑은 더할 나위 없이 아름다운 바다 색과 남쪽 나라 특유의 느긋함이에요. 이런 오키나와를 즐기기 위해서는 오키나와 본 섬에만 머무르기보다는, 주변의 여러 섬을 경험해 보는 것을 추천해요. 본 섬에서 보던 바다와는 차원이 다른 바다를 만날 수 있어요.

특히 토카시키 섬渡嘉敷島, 자마미 섬座間味島 등 근교 케라마 제도慶良間諸島의 바다와, 아직 사람의 손이 많이 닿지 않은 미야코 섬宮古島과 최남단의 야에야마 제도八重山諸島에서는 한국에서 두 시간 남짓한 비행으로 만나기에는 미안할 정도로 아름다운 바다를 볼 수 있어요. 덤으로 요나구니 섬与那国島에는 신비로운 바닷속 유적지인 '요나구니 섬 해저지형'을 경험할 수 있는데, 이곳은 사람이 만들었다는 설도 있답니다.

2 블루씰 아이스크림 ブルーシールアイスクリーム

미국 브랜드이지만 오키나와 기후에 맞는 재료와 맛을 개발하면서 완벽히 현지화된 오키나와 영혼의 아이스크림이에요. 번화가는 물론 인적이 드문 지역의 간이 매점에서도 블루씰 아이스크림을 만나 볼 수 있어요. 가장 인기 있는 아이스크림은 오키나와에서만 판매하는 자색고구마 베니이모紅芋 맛이며, 그 밖에도 트로피컬 마블トロピカルマーブル, 류-큐-로열밀크티琉球ロイヤルミルクティー도 맛있답니다.

3 류-큐-왕국 琉球王國

りゅうきゅうおうこく

　류-큐-는 '유리구슬'이라는 의미로, 태평양의 아름다운 바다로 둘러 쌓인 작은 섬을 표현한 것이 아닐까 해요. 15세기부터 지리적 이점을 이용하여 무역국으로 이름을 알리기 시작한 류-큐-왕국은 중국과 교류하며 지대한 영향을 받았어요. 그 후 19세기말 일본에 편입되며 지금의 오키나와 현이 되었지만, 생활 풍습이나 건축양식 등에서는 여전히 중국의 영향이 상당 부분 남아 있는 것을 볼 수 있어요. 오키나와 원주민들은 류-큐-왕국의 유산을 소중히 생각하며, 이를 보호하고 전승하고자 노력하고 있어요.

4 츄라우미 수족관 美ら海水族館

ちゅ　うみすいぞくかん

　오키나와의 바닷속을 그대로 옮겨 놓은 듯한 생생함을 자랑하는 곳이에요. 이곳의 바다 생물은 모두 오키나와 주변에 서식하는 것이며, 수족관에서는 수조의 조도와 수질, 투명도까지 생물이 최대한 안락하게 생활할 수 있는 환경을 유지하고 있어요.

츄라우미 수족관은 4층에서부터 내려가면서 관람하게끔 되어 있어요. 관람객들이 마치 점점 깊은 바다로 들어가는 듯한 느낌을 받을 수 있도록, 아래층으로 내려갈수록 심해 생물을 만날 수 있게 배치해 놓았답니다. 특히 아파트 3층 높이의 거대한 메인 수족관이 있는 1층과 2층에서는 이곳의 주인공인 고래상어를 만날 수 있어요. 유유히 헤엄치는 고래상어가 나타나면, 방송국의 방청객처럼 일제히 탄성을 지르는 관람객들 속의 자신을 발견하게 될 거예요.

5 이시가키소 石垣牛

오키나와 남부 야에야마 제도의 이시가키 섬을 중심으로 사육하고 있는 흑우의 브랜드예요. 각종 고기 콘테스트에서 수상하며 전국적으로 유명세를 떨치고 있어요. 생산량이 많지 않아, 현재는 오키나와가 아니면 맛보기 어려운 귀중한 소고기가 되었어요. 가격은 조금 부담스럽지만, 오키나와에 간다면 꼭 한번은 맛보세요!

6 케라마 제도 慶良間諸島

오키나와 본 섬에서 서쪽 40km 지점으로, 배로는 1시간 가량 걸리는 거리에 있어요. 20여 개의 섬은 크게 토카시키 섬渡嘉敷島을 중심으로 하는 토카시키 촌, 자마미 섬座間味島을 중심으로 하는 자마미 촌으로 나눌 수 있어요.

바다거북이와 흑고래뿐만 아니라 각종 열대 생물을 만날 수 있으며, 운이 좋으면 쥐가오리나 귀상어를 만나 볼 수도 있어요. 오키나와에 흐르는 온난한 쿠로시오黒潮 해류가 산호가 서식하기 좋은 최고의 환경을 조성하고 있어서, 이곳에는 200종이 넘는 화려한 산호가 가득하답니다.

오키나와 tip!

'고맙습니다'의 **ありがとう**를 오키나와에서는 **にへーでーびる**라고 해요.

1 행복해진다. (1)

しあわ
幸せになるわ。

しあわ 幸せに	なるわ
행복해	진다

 な형용사 '행복하다'의 幸せだ를 사용해서 변화의 표현을 만들어 볼 게요. 먼저 '행복하다'를 '행복하게'로 만들기 위해서는 마지막 글자인 だ를 지우고 그 자리에 に를 붙이면 돼요.

しあわ 幸せ	だ	행복하다
	に	행복하게

 幸せに를 '되다'라는 동사 なる를 사용해서 문장을 완성하면, '행복하게 되다'가 만들어지는 거예요. 우리말로 자연스럽게 표현하자면 '행복해지다'가 되는 거죠. 즉, '<u>な형용사</u>하게 변화했다'는 문장이 만들어지는 거예요. 그리고 문장 마지막에 오는 わ는 여성들이 자주 쓰는 부드러운 말투로 만들 수 있는 종조사예요.

 오호! 그럼 여러 형용사를 사용해서 다양한 변화의 표현을 해볼 수 있겠네요!

 네, 그럼 다른 な형용사를 사용한 더 많은 예시를 만나 볼게요.

簡単 かんたん	だ	간단하다	
	に	간단하게	
有名 ゆうめい	だ	유명하다	
	に	유명하게	
立派 りっぱ	だ	훌륭하다	
	に	훌륭하게	
派手 は て	だ	화려하다	
	に	화려하게	

 와! 이런 변화도 알고 보면 간단하네요.

 그렇죠? 그럼 이번에는 '행복해지다'를 사용해서 다양한 문장을 만들어 볼게요.

幸せだ しあわ		행복하다
幸せに しあわ		행복하게
	なる	행복해지다 (행복하게 되다)
	なります	행복해집니다 (행복하게 됩니다)
	なりました	행복해졌습니다 (행복하게 됐습니다)
	なりましょう	행복해집시다 (행복하게 됩시다)
	なりたい	행복해지고 싶다 (행복하게 되고 싶다)
	なりたいです	행복해지고 싶습니다 (행복하게 되고 싶습니다)

<ruby>寒<rt>さむ</rt></ruby>くなるよ。

<ruby>寒<rt>さむ</rt></ruby>く	なるよ
추워	질 거야

い형용사인 '춥다' <ruby>寒<rt>さむ</rt></ruby>い를 사용해서 변화의 표현을 만들어 볼게요. 먼저 '춥다'를 '춥게'로 만들기 위해서는 마지막 글자인 い를 지우고 그 자리에 く 를 붙이면 돼요.

<ruby>寒<rt>さむ</rt></ruby>	い	춥다
	く	춥게

<ruby>寒<rt>さむ</rt></ruby>く 를 '되다'라는 동사 なる를 사용해서 문장을 완성하면, '춥게 되다'가 되는 거예요. 이를 우리말로 자연스럽게 표현하자면 '추워지다'가 되는 거죠. 즉, 'い형용사하게 변화했다'는 문장이 만들어지는 거예요. 그리고 문장 마지막에 오는 よ는 강조 용법으로 보면 돼요.

다른 이형용사로도 만들어 보고 싶어요!

네, 그럴 줄 알고 제가 준비했어요!

<ruby>楽<rt>たの</rt></ruby>し	い	즐겁다
	く	즐겁게

<ruby>大<rt>おお</rt></ruby>き	い	크다
	く	크게

柔らか やわ	い	부드럽다
	く	부드럽게
硬 かた	い	딱딱하다
	く	딱딱하게

 그럼 이번에는 い형용사인 楽^{たの}しい를 사용해서 '즐거워지다'를 다양한 문장으로 만들어 볼게요.

楽しい たの		즐겁다
		즐겁게
楽しく たの	なる	즐거워지다 (즐겁게 되다)
	なります	즐거워집니다 (즐겁게 됩니다)
	なりました	즐거워졌습니다 (즐겁게 됐습니다)
	なりたい	즐거워지고 싶다 (즐겁게 되고 싶다)
	なりたいです	즐거워지고 싶습니다 (즐겁게 되고 싶습니다)

3 な형용사의 부사적 용법

 앞서 1번에서 살펴본 것과 같이, な형용사는 마지막 글자 だ를 に로 바꾸면 '~하게'라는 부사적 용법으로 만들 수 있어요.

幸せ しあわ	だ	행복하다
	に	행복하게 (부사적 용법)

그럼 이제는 좀 더 다양한 동사와의 결합을 살펴볼게요.

きれいだ		깨끗하다
きれいに		깨끗하게
	掃除する そうじ	깨끗하게 청소하다 (깨끗이 청소하다)
静かだ しず		조용하다
静かに しず		조용하게
	する	조용하게 하다 (조용히 하다)
真面目だ ま じ め		성실하다
真面目に ま じ め		성실하게
	働く はたら	성실하게 일하다 (성실히 일하다)
大事だ だ い じ		소중하다
大事に だ い じ		소중하게
	扱う あつか	소중하게 다루다 (소중히 다루다)

4 **い형용사의 부사적 용법**

 2번에서 살펴본 것과 같이, い형용사는 마지막 글자 い를 く로 바꾸면 '~하게'라는 부사적 용법으로 만들 수 있어요.

寒 さむ	い	춥다
	く	춥게(부사적 용법)

그럼 이제는 좀 더 다양한 동사와의 결합을 살펴볼게요.

やさしい		상냥하다, 다정하다
やさしく		상냥하게, 다정하게
	教える	상냥하게 가르치다

早い		빠르다
早く		빠르게 (빨리)
	終わる	빠르게 끝나다 (빨리 끝나다)

おいしい		맛있다
おいしく		맛있게
	作る	맛있게 만들다

楽しい		즐겁다, 신나다
楽しく		즐겁게, 신나게
	遊ぶ	즐겁게 놀다

문법정리

1) な형용사의 부사적 용법

幸せ	だ	행복하다
	に	행복하게(부사적 용법)

2) い형용사의 부사적 용법

寒	い	춥다
	く	춥게(부사적 용법)

다음 제시어를 사용하여 문장을 완성하시오.

1)

제시어		문장
嫌^{きら}いだ	싫어지다	
好^すきだ	좋아지다	
賑^{にぎ}やかだ	활기차지다	
上手^{じょうず}だ	능숙해지다	
丈夫^{じょうぶ}だ	튼튼해지다	
素直^{すなお}だ	솔직해지다	
明^{あき}らかだ	명확해지다	
簡単^{かんたん}だ	간단해지다	
便利^{べんり}だ	편리해지다	

地味だ じ み	소박해지다	
複雑だ ふくざつ	복잡해지다	
不便だ ふ べん	불편해지다	
有名だ ゆうめい	유명해지다	
きれいだ	예뻐지다	
幸せだ しあわ	행복해지다	

2)

제시어		문장
甘い あま	달아지다	
辛い から	매워지다	
まずい	맛없어지다	
暑い あつ	더워지다	
暖かい あたた	따뜻해지다	

<ruby>涼<rt>すず</rt></ruby>しい	시원해지다	
<ruby>高<rt>たか</rt></ruby>い	비싸지다	
<ruby>白<rt>しろ</rt></ruby>い	하얘지다	
<ruby>楽<rt>たの</rt></ruby>しい	즐거워지다	
<ruby>怖<rt>こわ</rt></ruby>い	무서워지다	
<ruby>危<rt>あぶ</rt></ruby>ない	위험해지다	
<ruby>若<rt>わか</rt></ruby>い	젊어지다	
<ruby>難<rt>むずか</rt></ruby>しい	어려워지다	
<ruby>安<rt>やす</rt></ruby>い	싸지다	
<ruby>多<rt>おお</rt></ruby>い	많아지다	

3)

제시어		문장
きれいだ、撮<ruby>撮<rt>と</rt></ruby>る	예쁘게 찍다	
<ruby>親切<rt>しんせつ</rt></ruby>だ、<ruby>案内<rt>あんない</rt></ruby>する	친절하게 안내하다	
<ruby>元気<rt>げんき</rt></ruby>だ、<ruby>育<rt>そだ</rt></ruby>つ	건강하게 자라다	
<ruby>無理<rt>むり</rt></ruby>だ、<ruby>運動<rt>うんどう</rt></ruby>する	무리하게 운동하다	
<ruby>贅沢<rt>ぜいたく</rt></ruby>だ、<ruby>暮<rt>く</rt></ruby>らす	사치스럽게 생활하다	
<ruby>丈夫<rt>じょうぶ</rt></ruby>だ、<ruby>作<rt>つく</rt></ruby>る	튼튼하게 만들다	
<ruby>静<rt>しず</rt></ruby>かだ、<ruby>話<rt>はな</rt></ruby>す	조용하게 이야기하다	
<ruby>特別<rt>とくべつ</rt></ruby>だ、<ruby>思<rt>おも</rt></ruby>う	특별하게 생각하다	
<ruby>真面目<rt>まじめ</rt></ruby>だ、<ruby>働<rt>はたら</rt></ruby>く	성실하게 일하다	
<ruby>立派<rt>りっぱ</rt></ruby>だ、<ruby>育<rt>そだ</rt></ruby>つ	훌륭하게 자라다	
お<ruby>腹<rt>なか</rt></ruby>がいっぱいだ、<ruby>食<rt>た</rt></ruby>べる	배가 부르게 먹다	

上手だ、作る <small>じょうず</small> <small>つく</small>	능숙하게 만들다	
きれいだ、洗う <small>あら</small>	깨끗하게 씻다	
楽だ、生きる <small>らく</small> <small>い</small>	편하게 살다	

4)

제시어	문장	
安い、買う <small>やす</small> <small>か</small>	싸게 사다	
高い、売る <small>たか</small> <small>う</small>	비싸게 팔다	
詳しい、調べる <small>くわ</small> <small>しら</small>	자세하게 조사하다	
面白い、話す <small>おもしろ</small> <small>はな</small>	재미있게 이야기하다	
若い、見える <small>わか</small> <small>み</small>	젊게 보이다	
遅い、帰る <small>おそ</small> <small>かえ</small>	늦게 돌아가다 (돌아오다)	
優しい、教える <small>やさ</small> <small>おし</small>	자상하게 가르치다	

楽_{たの}しい、遊_{あそ}ぶ	즐겁게 놀다	
早_{はや}い、覚_{おぼ}える	빨리 배우다(외우다)	
おいしい、作_{つくる}る	맛있게 먹다	
遅_{おそ}い、来_くる	늦게 오다	
強_{つよ}い、打_うつ	강하게 치다, 때리다	
短_{みじか}い、切_きる	짧게 자르다	
難_{むずか}しい、考_{かんが}える	어렵게 생각하다	
高_{たか}い、飛_とぶ	높게 날다	

1)

제시어		문장
嫌いだ [키라이다]	싫어지다	嫌いになる [키라이니 나루]
好きだ [스끼다]	좋아지다	好きになる [스끼니 나루]
賑やかだ [니기야까다]	활기차지다	賑やかになる [니기야까니 나루]
上手だ [죠-즈다]	능숙해지다	上手になる [죠-즈니 나루]
丈夫だ [죠-부다]	튼튼해지다	丈夫になる [죠-부니 나루]
素直だ [스나오다]	솔직해지다	素直になる [스나오니 나루]
明らかだ [아끼라까다]	명확해지다	明らかになる [아끼라까니 나루]
簡単だ [칸딴다]	간단해지다	簡単になる [칸딴니 나루]
便利だ [벤리다]	편리해지다	便利になる [벤리니 나루]
地味だ [지미다]	소박해지다	地味になる [지미니 나루]

ふくざつ 複雑だ [후끄자쯔다]	복잡해지다	ふくざつ 複雑になる [후끄자쯔니 나루]
ふべん 不便だ [후벤다]	불편해지다	ふべん 不便になる [후벤니 나루]
ゆうめい 有名だ [유-메-다]	유명해지다	ゆうめい 有名になる [유-메-니 나루]
きれいだ [키레이다]	예뻐지다	きれいになる [키레이니 나루]
しあわ 幸せだ [시아와세다]	행복해지다	しあわ 幸せになる [시아와세니 나루]

2)

제시어	문장	
あま 甘い [아마이]	달아지다	あま 甘くなる [아마끄 나루]
から 辛い [카라이]	매워지다	から 辛くなる [카라끄 나루]
まずい [마즈이]	맛없어지다	まずくなる [마즈끄 나루]
あつ 暑い [아쯔이]	더워지다	あつ 暑くなる [아쯔끄 나루]
あたた 暖かい [아따따까이]	따뜻해지다	あたた 暖かくなる [아따따까끄 나루]
すず 涼しい [스즈시이]	시원해지다	すず 涼しくなる [스즈시끄 나루]

<ruby>高<rt>たか</rt></ruby>い [타까이]	비싸지다	<ruby>高<rt>たか</rt></ruby>くなる [타까끄 나루]
<ruby>白<rt>しろ</rt></ruby>い [시로이]	하얘지다	<ruby>白<rt>しろ</rt></ruby>くなる [시로끄 나루]
<ruby>楽<rt>たの</rt></ruby>しい [타노시이]	즐거워지다	<ruby>楽<rt>たの</rt></ruby>しくなる [타노시끄 나루]
<ruby>怖<rt>こわ</rt></ruby>い [코와이]	무서워지다	<ruby>怖<rt>こわ</rt></ruby>くなる [코와끄 나루]
<ruby>危<rt>あぶ</rt></ruby>ない [아부나이]	위험해지다	<ruby>危<rt>あぶ</rt></ruby>なくなる [아부나끄 나루]
<ruby>若<rt>わか</rt></ruby>い [와까이]	젊어지다	<ruby>若<rt>わか</rt></ruby>くなる [와까끄 나루]
<ruby>難<rt>むずか</rt></ruby>しい [무즈까시이]	어려워지다	<ruby>難<rt>むずか</rt></ruby>しくなる [무즈까시끄 나루]
<ruby>安<rt>やす</rt></ruby>い [야스이]	싸지다	<ruby>安<rt>やす</rt></ruby>くなる [야스끄 나루]
<ruby>多<rt>おお</rt></ruby>い [오-이]	많아지다	<ruby>多<rt>おお</rt></ruby>くなる [오-끄 나루]

3)

제시어		문장
きれいだ、撮る [키레이다, 토루]	예쁘게 찍다	きれいに撮る [키레이니 토루]
親切だ、案内する [신세쯔다, 안나이스루]	친절하게 안내하다	親切に案内する [신세쯔니 안나이스루]
元気だ、育つ [겡끼다, 소다쯔]	건강하게 자라다	元気に育つ [겡끼니 소다쯔]
無理だ、運動する [무리다, 운도-스루]	무리하게 운동하다	無理に運動する [무리니 운도-스루]
贅沢だ、暮らす [제-따꾸다, 쿠라스]	사치스럽게 생활하다	贅沢に暮らす [제-따꾸니 쿠라스]
丈夫だ、作る [죠-부다, 쯔꾸루]	튼튼하게 만들다	丈夫に作る [죠-부니 쯔꾸루]
静かだ、話す [시즈까다, 하나스]	조용하게 이야기하다	静かに話す [시즈까니 하나스]
特別だ、思う [토꾸베쯔다, 오모우]	특별하게 생각하다	特別に思う [토꾸베쯔니 오모우]
真面目だ、働く [마지메다, 하따라끄]	성실하게 일하다	真面目に働く [마지메니 하따라끄]
立派だ、育つ [립빠다, 소다쯔]	훌륭하게 자라다	立派に育つ [립빠니 소다쯔]

お腹がいっぱいだ、 食べる [오나까가 입빠이다, 타베루]	배가 부르게 먹다	お腹がいっぱいに食べる [오나까가 입빠이니 타베루]
上手だ、作る [죠-즈다, 쯔끄루]	능숙하게 만들다	上手に作る [죠-즈니 쯔끄루]
きれいだ、洗う [키레이다, 아라우]	깨끗하게 씻다	きれいに洗う [키레이니 아라우]
楽だ、生きる [라꾸다, 이끼루]	편하게 살다	楽に生きる [라꾸니 이끼루]

4)

제시어	문장	
安い、買う [야스이, 카우]	싸게 사다	安く買う [야스끄 카우]
高い、売る [타카이, 우루]	비싸게 팔다	高く売る [타카끄 우루]
詳しい、調べる [쿠와시이, 시라베루]	자세하게 조사하다	詳しく調べる [쿠와시끄 시라베루]
面白い、話す [오모시로이, 하나스]	재미있게 이야기하다	面白く話す [오모시로끄 하나스]
若い、見える [와까이, 미에루]	젊게 보이다	若く見える [와까끄 미에루]

遅い、帰る [오소이, 카에루]	늦게 돌아가다 (돌아오다)	遅く帰る [오소끄 카에루]
優しい、教える [야사시이, 오시에루]	자상하게 가르치다	優しく教える [야사시끄 오시에루]
楽しい、遊ぶ [타노시이, 아소부]	즐겁게 놀다	楽しく遊ぶ [타노시끄 아소부]
早い、覚える [하야이, 오보에루]	빨리 배우다(외우다)	早く覚える [하야끄 오보에루]
おいしい、作る [오이시이, 츠끄루]	맛있게 먹다	おいしく作る [오이시꾸 츠끄루]
遅い、来る [오소이, 쿠루]	늦게 오다	遅く来る [오소끄 쿠루]
強い、打つ [츠요이, 우쯔]	강하게 치다, 때리다	強く打つ [츠요끄 우쯔]
短い、切る [미지까이, 키루]	짧게 자르다	短く切る [미지까끄 키루]
難しい、考える [무즈까시이, 캉가에루]	어렵게 생각하다	難しく考える [무즈까시끄 캉가에루]
高い、飛ぶ [타까이, 토부]	높게 날다	高く飛ぶ [타까끄 토부]

마구로센세의
본격!
일본어 스터디

초급 ❷ 일본의 이곳저곳

초판 1쇄 펴낸 날 | 2019년 4월 5일
초판 2쇄 펴낸 날 | 2024년 10월 4일

지은이 | 최유리 · 나인완
펴낸이 | 홍정우
펴낸곳 | 브레인스토어

책임편집 | 김다니엘
편집진행 | 홍주미, 이은수, 박혜림
디자인 | 이예슬
마케팅 | 방경희

주소 | (04035) 서울특별시 마포구 양화로7안길 31(서교동, 1층)
전화 | (02)3275-2915~7
팩스 | (02)3275-2918
이메일 | brain_store@naver.com
블로그 | http://blog.naver.com/brain_store
페이스북 | http://www.facebook.com/brainstorebooks
인스타그램 | https://instagram.com/brainstore_publishing

등록 | 2007년 11월 30일(제313-2007-000238호)

© 브레인스토어, 최유리, 나인완, 2019
ISBN 979-11-88073-23-8(04730)
ISBN 979-11-88073-21-4(04730)(세트)

이 도서의 국립중앙도서관 출판예정도서목록(CIP)은 서지정보유통지원시스템 홈페이지(http://seoji.nl.go.kr)와 국가자료종합목록시스템(http://www.nl.go.kr/kolisnet)에서 이용하실 수 있습니다. (CIP제어번호 : CIP2019004385)